COORDENAÇÃO RENATA ARMAS

CHURRASCO
DE FRANGO, PEIXES & CARNES EXÓTICAS

1ª EDIÇÃO • BRASIL • 2016

Título Original - **Bíblia do Churrasco – Churrasco de Frango, Peixe & Carnes Exóticas**
Copyright © Editora Escala Ltda., 2016
ISBN: 978-85-389-0220-1

Direção editorial Ethel Santaella
Coordenação editorial Renata Armas
Edição de arte Natália da Cruz

Realização We2Design
Edição de texto Maria Helena da Fonte
Consultoria e produção culinária Janaína Resende
Direção de arte Jairo Bittencourt
Preparação e revisão de texto Marcela Almeida Fregonezi
Fotografia Danilo Tanaka, Escala Imagens e Shutterstock

livrosescala@escala.com.br

Dados Internacionais de Catalogação na Publicação (CIP)
(Câmara Brasileira do Livro, SP, Brasil)

```
Churrasco de frango, peixes & carnes exóticas /
   coordenação Renata Armas. -- 1. ed. --
São Paulo : Editora Escala, 2016.

   ISBN 978-85-389-0220-1

   1. Carnes (Culinária) 2. Churrasco - Culinária
3. Culinária (Frangos) 4. Culinária (Peixes)
I. Armas, Renata.

16-03717                                    CDD-641.578
```

Índices para catálogo sistemático:

1. Churrasco : Culinária   641.578

Todos os direitos reservados. Nenhuma parte deste livro pode ser reproduzida por quaisquer meios existentes sem autorização por escrito dos editores e detentores dos direitos.
Av. Profª. Ida Kolb, 551, Jardim das Laranjeiras, São Paulo, CEP 02518-000
Tel.: +55 11 3855-2100 / Fax: +55 11 3857-9643
Venda de livros no atacado: tel.: +55 11 4446-7000 / +55 11 4446-7132 – vendas@escala.com.br * www.escala.com.br

Impressão e acabamento: Gráfica Araguaia

ÍNDICE

SEGREDOS DO CHURRASCO
Conheça os cortes de frango,
peixes e carnes exóticas 6
Seis regras de ouro para comprar 7

RECEITAS
Sobrecoxa de frango 10
Coxinha da asa assada 12
Galeto na brasa 14
Frango grelhado com cerveja Rauchbier 16
Asas de frango marinadas com gengibre 18
Tulipa de Frango com mostarda na
churrasqueira 20
Coração de galinha no espeto 22
Sardinhas assadas na brasa 24
Anchova recheada com
farofa de camarão 26
Atum gelhado com gengibre e raiz forte 28
Filé de salmão na brasa 30
Carré de javali em marinada de damasco 32
Pernil de javali assado 34
Pernil de cordeiro na churrasqueira 36
Carré de cordeiro na brasa 38
Carré de cordeiro com purê
de mandioquinha 40
Paleta de cordeiro na brasa 42

CHURRASCO NO DIA A DIA
Coxa e sobrecoxa grelhadas com alecrim 46
Filé de frango na brasa com
manteiga de ervas 48
Espetinho de frango
com tomate e pimentões 50
Filé de peito de frango
com molho barbecue 52
Espetinho de camarão 54
Espetinhos de salmão ao limão 55
Postas de salmão na churrasqueira 56
Atum grelhado com ervas 58
Anchova ao limão-siciliano e alecrim 60
Linguado com azeite de ervas frescas 61
Espetinhos de salmão com pimentões 62
Kebab de cordeiro 64
Carré de cordeiro com tomilho 67

ACOMPANHAMENTOS
Salada de soja e vegetais 76
Salpicão de frango 77
Salada cítrica de feijão-branco e laranja 78
Salada de frutas secas com vinho 79
Salada de frango com
molho picante de limão 80
Berinjela turca 81
Bolinho de batata com bacalhau 82
Bruschetta de carne louca 83
Pãozinho de cenoura light 84
Pão integral de cenoura com
abobrinha no vapor 85
Pão de milho 86
Pão de batata recheado com linguiça 87
Quiche de champignon com abobrinha 88
Quiche de carne-seca 89
Quiche de legumes 90
Quiche de cenoura com bacon 91
Quiche de palmito 92
Quiche de cogumelo com bacon
e requeijão 93
Torta vegetariana de milho 94
Torta gelada salgada 95
Geleia de hortelã 96
Geleia de pimenta 96
Molho de manjericão fresco 97
Molho de mostarda e mel 97

Para sair do lugar-comum

DICA DE CHURRASQUEIRO
O carré de cordeiro deve ter um pouco de gordura para intensificar o sabor e ser assado a uma distância de 15 centímetros da brasa. Fica perfeito quando está malpassado ou ao ponto

Unanimidade nacional, o churrasco é a melhor maneira de se deliciar com comida de qualidade e ainda reunir os amigos. A carne de frango marca presença com sucesso, oferecendo cortes suculentos e cheios de sabor. Para quem quer sair do lugar-comum, pode-se incluir carnes exóticas como o saudável javali ou o tradicional cordeiro. Outra boa pedida, principalmente para os dias de calor, são os pescados, que podem ser assados na brasa ou grelhados na chapa da churrasqueira. Veja a seguir, uma seleção de cortes e dicas para se fazer um churrasco além do convencional.

FRANGO Tradicionalmente é a opção saudável de todo churrasco. Sua carne tem baixa quantidade de gorduras saturadas, é de fácil digestão e muito saborosa. Os melhores cortes para a churrasqueira são a coxa com sobrecoxa e as asinhas, por serem assadas com a pele, o que confere sabor especial. O galeto, um frango que é abatido com um mês de vida e que não deve exceder 600 g, é a melhor escolha quando se quer fazer a ave inteira. O coração de frango é outra iguaria que não deve faltar nas melhores churrasqueiras.

PEIXES Um churrasco de carne de peixe, além de ser muito saboroso, é extremamente saudável e nutritivo. Fontes de proteína magra, os pescados podem ser preparados de várias maneiras: inteiros, recheados, em postas ou filés. Os tipos que fazem mais sucesso assados na brasa são os peixes gordos, como tainha, anchova, salmão, atum e sardinha. Já o linguado fica saboroso quando preparado na grelha.

JAVALI Ancestral do porco doméstico, o javali é nativo em quase toda a Europa, Ásia e norte da África. Saudável, magra, macia e com baixo teor de gordura, sua carne tem coloração vermelho-clara e o sabor delicado dos cortes de caça. Alguns, como o carré e o pernil, ficam perfeitos quando assados na

churrasqueira. Marinadas deixam sua carne silvestre ainda mais saborosa.

CORDEIRO O cordeiro é o carneiro jovem, com até 8 meses, recém-desmamado. É um ingrediente tradicional da culinária do Oriente Médio e do Mediterrâneo, sinônimo de sofisticação, sempre associado a ocasiões festivas e especiais. Sua carne vermelho-rosada é rica em proteínas, vitaminas do complexo B, ferro, cálcio e potássio. Macia, tem nível médio de gordura, sabor adocicado e marcante. A paleta, o carré e o pernil ficam ainda mais gostosos, quando assados na churrasqueira.

6 regras de ouro para comprar

1 Escolha bem o estabelecimento onde vai adquirir as carnes de frango e peixes. Os cortes exóticos podem ser encontrados em casas especializadas ou em mercados com área gourmet.

2 Opte sempre que puder pela carne fresca. Ela é mais macia, já que a contração das fibras no congelamento deixa o corte mais rígido.

3 Os peixes devem ter a pele e olhos brilhantes, escamas firmes, guelras (localizadas próximo à cabeça) na cor vermelho-vivo, consistência firme e odor fresco de maresia.

4 A gordura presente na carne de frango deve ser de coloração amarelo-clara, próximo à tonalidade da manteiga.

5 Só compre as carnes que tenham o selo do Serviço de Inspeção Federal (SIF).

6 Procure conhecer a procedência dos cortes de carnes exóticas. O ambiente e a forma como são criados influenciam diretamente na qualidade da carne.

FRANGO • PEIXES • CARNES EXÓTICAS

SABORES VARIADOS

O frango, leve e saboroso, é presença garantida como carne de entrada nos churrascos tradicionais. Já os peixes vão muito bem em reuniões à beira-mar ou em dias quentes de verão. As carnes especiais, como o javali e o cordeiro, emprestam seus sabores especiais aos cardápios mais sofisticados. Veja, a seguir, uma seleção de receitas irresistíveis, escolha a sua e bom apetite!

SOBRECOXA DE FRANGO

Rendimento: 4 porções
Tempo de preparo: 3h

INGREDIENTES
- 800 g de sobrecoxas de frango com pele
- Suco de 2 limões
- Raspas de limão
- 2 colheres (sopa) de orégano seco
- 2 colheres (sopa) de sálvia seca
- 1 colher (sopa) de tomilho seco
- 3 dentes de alho triturados
- Pimenta-do-reino e sal fino a gosto
- Azeite de oliva a gosto
- Tomilho fresco e rodelas de limão

MODO DE PREPARO
- Em um recipiente, coloque as sobrecoxas de frango e os temperos. Misture muito bem.
- Leve à geladeira para marinar por 2 horas.
- Acenda o carvão na churrasqueira e deixe o braseiro ficar uniforme, por mais ou menos 40 minutos.
- Coloque os pedaços no espeto e leve ao fogo a uma distância de 30 centímetros da brasa por 1 hora, virando sempre.
- Retire da churrasqueira, coloque tomilho fresco e rodelas de limão grelhadas para decorar e sirva em seguida.

PARA HARMONIZAR COM O PRATO

Este prato harmoniza com as cervejas alemãs do tipo Rauchbier. Elas têm aroma defumado, baixo amargor e teor alcoólico médio, que varia entre 4,8% e 6,5%

COXINHA DA ASA ASSADA

Rendimento: 5 porções
Tempo de preparo: 1h

INGREDIENTES
- 1 kg de coxinha da asa de frango
- 100 ml de azeite de oliva
- Suco de 2 limões
- 2 colheres rasas (sopa) de sal
- 2 colheres rasas (sopa) de orégano seco
- 2 dentes de alho picados
- 1/2 cebola finamente picada
- 6 cebolas pequenas cortadas ao meio

MODO DE PREPARO
- Acenda o carvão na churrasqueira e deixe o braseiro ficar uniforme, por mais ou menos 40 minutos.
- Em uma tigela, misture os temperos.
- Regue o frango com esse molho, mexendo bem para que ele penetre por todas as partes da carne.
- Leve as coxinhas e as cebolas à churrasqueira a uma distância de 15 centímetros da brasa.
- Asse por 20 minutos virando sempre.
- Retire da brasa e sirva em seguida.

PARA HARMONIZAR COM O PRATO

O frango bem temperado harmoniza com cervejas de sabor maltado, como as Bohemian Pilsen, que têm baixa fermentação e devem ser servidas geladas, entre 0° C e 4°C

GALETO NA BRASA

Rendimento: 4 porções
Tempo de preparo: 2h

INGREDIENTES
- 1 galeto aberto
- 1 xícara (chá) de vinho branco seco
- 1 cebola
- 3 dentes de alho
- 3 colheres (sopa) de cheiro-verde
- 1 folha de louro
- 1 galho de hortelã
- 1 colher (sopa) de colorau
- Sal e pimenta-do-reino a gosto

MODO DE PREPARO
- Acenda o carvão na churrasqueira e deixe o braseiro ficar uniforme, por mais ou menos 40 minutos.
- Misture todos os temperos e bata no liquidificador.
- Despeje a mistura sobre o frango e deixe marinar por cerca de 10 minutos.
- Retire o excesso de tempero e leve à churrasqueira a uma distância de 30 centímetros da brasa.
- Asse por 1 hora virando a cada 20 minutos.
- Baixe para 15 centímetros do fogo e deixe dourar por mais 15 minutos, virando uma vez.
- Retire da brasa, deixe descansar por 5 minutos e sirva em seguida.

PARA HARMONIZAR COM O PRATO

O galeto pede uma cerveja saborosa como a American Pale Ale. Nela predomina o aroma, sabor e amargor do lúpulo que harmoniza perfeitamente com a condimentação da receita

FRANGO GRELHADO COM CERVEJA RAUCHBIER

Rendimento: 4 porções
Tempo de preparo: 1h30 (mais 12 horas de marinada)

INGREDIENTES
- 4 coxas com sobrecoxa de frango com pele
- Azeite de oliva a gosto
- Pimenta-do-reino moída a gosto
- Sal fino a gosto
- 1/2 maço de sálvia
- 1/2 cebola
- 1 pimenta dedo-de-moça
- Manjericão, salsinha, orégano e alecrim frescos a gosto
- 250 ml de cerveja Rauchbier
- 200 ml de vinho branco
- 1 cebola cortada em quatro
- 1 berinjela em fatias grossas

MODO DE PREPARO
- Em um recipiente, tempere a carne com azeite, pimenta-do-reino e sal.
- Pique as folhas de sálvia, a cebola, a pimenta dedo-de-moça e as ervas frescas.
- Misture todos os temperos e espalhe sobre o frango esfregando bem para que penetre na carne.
- Adicione a cerveja, tampe o recipiente e leve à geladeira por 12 horas.
- Acenda o carvão na churrasqueira e deixe o braseiro ficar uniforme, por mais ou menos 40 minutos.
- Retire o frango da geladeira e regue com o vinho.
- Tempere a cebola e as fatias de berinjela com sal e pimenta-do-reino.
- Leve a carne, a cebola e a berinjela para a grelha a uma distância de 15 centímetros da brasa e asse por 20 minutos de cada lado ou até dourar.
- Retire da churrasqueira, deixe descansar por 5 minutos e sirva em seguida.

Deguste este prato com a mesma cerveja usada em seu preparo, a alemã do tipo Rauchbier. Ela tem aroma defumado, baixo amargor e teor alcoólico médio, que varia entre 4,8% e 6,5%

ASAS DE FRANGO MARINADAS COM GENGIBRE

Rendimento: 8 porções
Tempo de preparo: 1h10
(mais 24 horas de marinada)

INGREDIENTES
- 1,5 kg de asa de frango
- Sal fino a gosto
- Pimenta-do-reino moída a gosto
- 1 pimentão vermelho
- 3 dentes de alho
- 20 g de gengibre
- 5 folhas de sálvia
- 1 cebola cortada em lâminas finas
- 2 latas de cerveja tipo pilsen

MODO DE PREPARO
- Em um recipiente, disponha as asas de frango e tempere com sal e pimenta. Misture no frango o pimentão cortado em tiras finas, o alho amassado, o gengibre descascado e fatiado, a sálvia e a cebola.
- Cubra o frango com a cerveja, tampe o recipiente e leve à geladeira por 24 horas.
- Acenda o carvão na churrasqueira e deixe o braseiro ficar uniforme, por mais ou menos 40 minutos.
- Retire as asas da marinada e leve à churrasqueira a uma distância de 15 centímetros da brasa.
- Asse por 20 minutos virando sempre.
- Retire da brasa e sirva em seguida.

PARA HARMONIZAR COM O PRATO

O frango marinado com gengibre e sálvia vai bem com cervejas de sabor maltado, como as Bohemian Pilsen, que têm baixa fermentação e teor alcoólico médio

TULIPA DE FRANGO COM MOSTARDA NA CHURRASQUEIRA

Rendimento: 6 porções
Tempo de preparo: 1h10
(mais 12 horas de marinada)

INGREDIENTES
- 1 kg de tulipa de frango
- 6 dentes de alho triturados
- 1 colher (sopa) de sal grosso em grãos médios
- 250 g de molho de mostarda
- Coentro fresco a gosto

MODO DE PREPARO
- Em um recipiente, misture o frango, o alho e o sal.
- Adicione a mostarda e o coentro e leve à geladeira para marinar por 12 horas.
- Acenda o carvão na churrasqueira e deixe o braseiro ficar uniforme, por mais ou menos 40 minutos.
- Leve as tulipas à churrasqueira a uma distância de 15 centímetros da brasa.
- Asse por 20 minutos virando sempre.
- Retire da brasa e sirva em seguida.

PARA HARMONIZAR COM O PRATO

O frango com mostarda pede uma cerveja como a American Pale Ale. O aroma, sabor e amargor do lúpulo harmonizam perfeitamente com a condimentação da receita

CORAÇÃO DE GALINHA NO ESPETO

Rendimento: 10 porções
Tempo de preparo: 1h20

INGREDIENTES
- 500 g de coração de galinha
- Sal e pimenta-do-reino a gosto
- 2 dentes de alho amassados
- 1 colher (sopa) de vinagre de vinho tinto
- 1 colher (sopa) de azeite de oliva
- 1 colher (sopa) de cebola ralada
- Espetinhos para churrasco

MODO DE PREPARO
- Em um recipiente, coloque os corações e tempere com o sal, a pimenta, o alho, o vinagre, o azeite e a cebola.
- Leve a carne à geladeira e deixe marinar por 1 hora.
- Acenda o carvão na churrasqueira e deixe o braseiro ficar uniforme, por mais ou menos 40 minutos.
- Espete os corações em espetinhos para churrasco e leve à churrasqueira a uma distância de 15 centímetros da brasa.
- Asse por 12 minutos ou até ficarem dourados, virando sempre.
- Retire do fogo, deixe descansar por 5 minutos e sirva em seguida.

PARA HARMONIZAR COM O PRATO

A tradicional entrada do churrasco vai bem com cervejas leves, como a Bohemian Pilsen, que têm baixa fermentação e teor alcoólico médio. Devem ser servidas geladas, entre 0° C e 4°C

SARDINHAS ASSADAS NA BRASA

Rendimento: 4 porções
Tempo de preparo: 1h10

INGREDIENTES
- 8 sardinhas portuguesas limpas
- Sal fino e pimenta-do-reino a gosto
- 1/2 dente de alho picado
- Salsa picada a gosto
- 1/4 de xícara (chá) de azeite
- 4 batatas cozidas em água e sal

MODO DE PREPARO
- Tempere as sardinhas pelo lado de dentro com o sal, a pimenta e o alho. Reserve.
- Acenda o carvão na churrasqueira e deixe o braseiro ficar uniforme, por mais ou menos 40 minutos.
- Misture o azeite com a salsa e reserve.
- Tempere o peixe novamente, desta vez por fora, com sal e pimenta.
- Acomode as sardinhas em uma grelha própria para peixes e leve à churrasqueira a uma distância de 15 centímetros da brasa.
- Pincele com a mistura de azeite e salsa e deixe assar por 3 minutos.
- Vire a grelha, adicione mais azeite e deixe mais 3 minutos.
- Retire da brasa e sirva acompanhado de batatas cozidas temperadas com azeite e salpicadas com salsa.

A sardinha na brasa combina bem com cervejas do tipo India Pale Ale. De alta fermentação, tem cor âmbar, sabor presente de lúpulo e alto teor alcoólico, que varia entre 5% e 7%

PARA HARMONIZAR COM O PRATO

ANCHOVA RECHEADA COM FAROFA DE CAMARÃO

Rendimento: 4 porções • Tempo de preparo: 1h10

INGREDIENTES
- 100 g de camarão tamanho médio limpo
- 100 g de manteiga sem sal
- 100 g de farinha de mandioca grossa
- Salsa a gosto
- Sal fino a gosto
- 1 anchova inteira de aproximadamente de 1 kg limpa
- 100 g de manteiga sem sal derretida

para regar o peixe
- 1 colher (chá) de alho desidratado
- 1 colher (chá) de cebola desidratada
- 1 colher (chá) de mix de ervas desidratado
- Vinagre branco a gosto

MODO DE PREPARO
- Acenda o carvão na churrasqueira e deixe o braseiro ficar uniforme, por mais ou menos 40 minutos.
- Tempere os camarões com sal.
- Em uma frigideira, aqueça a manteiga e refogue os camarões por 5 minutos, virando uma vez.
- Acrescente a farinha de mandioca aos poucos e cozinhe até ficar seca e dourada.
- Acrescente a salsa e reserve.
- Misture o vinagre aos temperos desidratados e o sal.
- Tempere o peixe na parte de dentro com essa mistura.
- Recheie o pescado com a farofa.
- Coloque a anchova numa grelha própria para peixes, regue com a manteiga derretida e leve à churrasqueira a uma distância de 15 centímetros da brasa.
- Deixe o peixe assar por 10 minutos, vire e regue novamente com a manteiga.
- Asse por mais 10 minutos.
- Retire da churrasqueira e sirva em seguida.

Peixe recheado com frutos do mar vai bem com cervejas leves, como a Bohemian Pilsen, que têm baixa fermentação e teor alcoólico médio. Elas devem sempre ser servidas geladas, entre 0° C e 4°C

ATUM GRELHADO COM GENGIBRE E RAIZ-FORTE

Rendimento: 4 porções
Tempo de preparo: 1h

INGREDIENTES
- 4 filés grossos de atum de 250 g cada
- 3 colheres (sopa) de óleo de gergelim
- 2 colheres (sopa) de pimenta-do-reino branca em grãos quebrados
- 2 colheres (sopa) de sal grosso
- 4 colheres (sopa) de cebolinha picada
- 4 colheres (sopa) de sementes de gergelim torradas
- 4 colheres (sopa) de gengibre em conserva fatiado
- 3 colheres (sopa) de raiz-forte
- 5 colheres (sopa) de shoyu
- 1 colher (sopa) de azeite de oliva
- 1 cenoura
- 1/2 abobrinha
- 1/4 de acelga

MODO DE PREPARO
- Com a ajuda de um descascador, corte a cenoura e a abobrinha em fitas. Corte a acelga em dois pedaços e refogue tudo no azeite por cerca de dois minutos, tempere com sal e pimenta. Reserve.
- Acenda o carvão e deixe o braseiro ficar uniforme, por mais ou menos 40 minutos.
- Tempere os filés com o óleo de gergelim, o sal e a pimenta. Leve o peixe à chapa da churrasqueira na parte mais quente. Asse por 4 minutos de cada lado.
- Transfira os filés para a parte menos quente e asse por mais 2 minutos.
- Retire os filés da churrasqueira e disponha em uma travessa, acompanhado dos legumes. Salpique a cebolinha e as sementes de gergelim.
- Sirva com o gengibre, a raiz-forte e o shoyu.

PARA HARMONIZAR COM O PRATO

O atum com tempero oriental pede uma cerveja suavemente condimentada, como a Tripel, que é clara, seca e com aromas frutados. Com teor alcoólico alto, que varia de 7% a 10%, deve ser servida entre 8 °C e 12 °C.

FILÉ DE SALMÃO NA BRASA

Rendimento: 4 porções
Tempo de preparo: 1h

INGREDIENTES
- 1 kg de filé de salmão com pele
- 2 dentes de alho picados
- Cebolinha picada a gosto
- 1 limão-siciliano cortado em rodelas finas
- Azeite de oliva a gosto
- Sal grosso em grãos médios a gosto
- Pimenta-do-reino branca moída a gosto

MODO DE PREPARO
- Acenda o carvão na churrasqueira e deixe o braseiro ficar uniforme, por mais ou menos 40 minutos.
- Corte o filé de salmão em 4 partes.
- Tempere com o azeite de oliva, o sal e a pimenta.
- Coloque os filés numa grelha própria para peixes e leve à churrasqueira a uma distância de 25 centímetros da brasa com a pele virada para cima.
- Asse por 10 minutos.
- Vire os filés com cuidado, salpique a cebolinha e coloque uma rodela de limão em cada filé.
- Asse por mais 10 minutos, retire da brasa e sirva em seguida.

PARA HARMONIZAR COM O PRATO

Para acompanhar o salmão na brasa escolha uma cerveja refrescante como a American Pale Ale, que tem notas aromáticas de lúpulo e coloração que varia do dourado ao âmbar-claro

CARRÉ DE JAVALI EM MARINADA DE DAMASCO

Rendimento: 4 porções
Tempo de preparo: 3h

INGREDIENTES
- 1 carré de javali de aproximadamente 1 kg
- 300 g de damasco seco
- 1 e 1/4 de litro de água
- 2 colheres (chá) de suco de limão
- 2 colheres (chá) de azeite de oliva
- 1 colher (chá) de gengibre fresco ralado
- 2 dentes de alho amassados
- Sal fino a gosto
- Plástico filme
- 6 colheres (sopa) de mel
- 200 g de cogumelos frescos fatiados
- 2 colheres (sopa) de manteiga

MODO DE PREPARO
- Coloque os damascos em uma panela com a água e deixe de molho por 15 minutos.
- Leve ao fogo e deixe até a água ferver. Retire da água e reserve até esfriar.
- Separe metade do damasco e reserve.
- Bata a outra metade dos damascos em um processador com o suco de limão, o azeite, o gengibre, o alho e o sal.
- Em um recipiente, coloque o carré e a marinada de damasco, cubra com plástico filme e leve à geladeira por 2 horas.
- Acenda o carvão na churrasqueira e deixe o braseiro ficar uniforme, por mais ou menos 40 minutos.
- Leve o restante do damasco com o mel ao fogo médio por 3 minutos, mexendo sempre. Reserve.
- Enquanto isso, retire a carne da geladeira e aguarde até ficar em temperatura ambiente.
- Coloque o carré na grelha com os ossos virados para baixo a uma distância de 15 centímetros da brasa por 15 minutos.
- Vire e deixe dourar mais 6 minutos.
- Derreta a manteiga em uma frigideira e refogue os cogumelos, tempere com sal e reserve.
- Retire a carne da brasa e corte entre as costelas.
- Volte cada pedaço para a grelha e doure dos dois lados.
- Retire da churrasqueira e sirva acompanhado do molho de damascos com mel e do refogado de cogumelos.

PARA HARMONIZAR COM O PRATO

O carré de javali vai bem com uma cerveja escura, do tipo Belgian Dark Strong Ale, que tem aroma de malte e frutas, espuma densa e cremosa e alto teor alcoólico.

PERNIL DE JAVALI ASSADO

Rendimento: 8 porções
Tempo de preparo: 4h
(mais 8 horas de marinada)

INGREDIENTES
- 1 pernil de javali de aproximadamente 2 kg
- 1 copo de vinho branco seco
- Suco de 1 limão
- 3 cebolas médias
- 5 dentes de alho
- 5 ramos de alecrim desfolhados
- 3 colheres (sopa) de sálvia
- 1 colher de pimenta-do-reino em grãos
- Sal a gosto
- Saco plático culinário
- Papel-alumínio

MODO DE PREPARO
- Bata no liquidificador, o vinho, o suco de limão, as cebolas, o alho, o alecrim, a sálvia, a pimenta-do-reino e o sal.
- Faça vários furos na carne com uma faca pequena, coloque-a com o molho no saco culinário, misture bem e leve à geladeira por 4 horas.
- Vire a peça na assadeira e deixe mais 4 horas.
- Acenda o carvão na churrasqueira e deixe o braseiro ficar uniforme, por mais ou menos 40 minutos.
- Embrulhe o pernil com o molho em duas folhas de papel-alumínio, para garantir que os líquidos não vão escapar.
- Leve à churrasqueira a uma distância de 40 centímetros da brasa por 3 horas, virando a cada 20 minutos.
- Retire o papel-alumínio e desça para uma distância de 15 centímetros do fogo. Deixe dourar por 1 hora, virando sempre.
- Retire da brasa e deixe descansar por 5 minutos.
- Fatie e sirva em seguida.

PARA HARMONIZAR COM O PRATO

Para acompanhar o pernil de javali escolha uma cerveja refrescante como a American Pale Ale, que tem notas aromáticas de lúpulo e coloração que varia do dourado ao âmbar-claro

PERNIL DE CORDEIRO NA CHURRASQUEIRA

Rendimento: 8 porções
Tempo de preparo: 4h50

INGREDIENTES
- 1 pernil de cordeiro de aproximadamente 2 kg
- 1 e ¾ de xícara (chá) de óleo vegetal
- 1/2 xícara (chá) de vinagre branco
- 4 dentes de alho amassados
- Sal fino a gosto
- Pimenta-do-reino a gosto
- Saco plástico culinário
- 1/2 xícara (chá) de água
- 1/2 xícara (chá) de suco de limão-siciliano
- 2 e 1/2 xícaras (chá) de polpa de tomate
- 2 xícaras de cebola picada
- 2 colheres (chá) de molho de pimenta
- 1 colher (chá) de pimenta-verde picada
- 1 colher (sopa) de mostarda em pó
- 1 colher (chá) de sal

MODO DE PREPARO
- Misture 1 xícara de óleo, 1/2 xícara de vinagre branco, 2 dentes de alho amassados, sal e a pimenta-do-reino.
- Coloque a carne e a mistura em um saco plástico, feche bem e deixe marinar em temperatura ambiente por 2 horas.
- Em uma panela grande, junte a água, o suco de limão, o restante do óleo, a polpa de tomate, a cebola, 2 colheres (sopa) de vinagre, o molho de pimenta, a pimenta-verde picada, 2 dentes de alho picados, a mostarda em pó e 1 colher (chá) de sal.
- Leve ao fogo alto para ferver, em seguida, diminua o fogo e deixe o molho cozinhar por 30 minutos ou até que a cebola esteja macia e o molho tenha engossado.
- Acenda o carvão na churrasqueira e deixe o braseiro ficar uniforme, por mais ou menos 40 minutos.
- Retire a carne da marinada, espalhe o molho por toda a peça e leve à grelha untada com óleo a uma distância de 30 centímetros da brasa.
- Deixe assar por 2 horas, em fogo moderado. Vire o pernil, pincele mais molho a cada 20 minutos.
- Desça a grelha para 15 centímetros da brasa e deixe dourar por 20 minutos de cada lado.
- Retire do fogo, deixe descansar por 5 minutos e sirva em seguida.

PARA HARMONIZAR COM O PRATO

O pernil de cordeiro combina muito bem com cervejas do tipo India Pale Ale. De alta fermentação, têm sabor forte de lúpulo e alto teor alcoólico, que varia de 5% a 7%.

CARRÉ DE CORDEIRO NA BRASA

Rendimento: 8 porções
Tempo de preparo: 4h50

INGREDIENTES
- 1 carré de cordeiro de aproximadamente 1,2 kg
- Suco de 1 limão-siciliano
- 2 dentes de alho amassados
- 1 colher (sopa) de tomilho
- 1 colher (sopa) de alecrim picado
- 1 folha de louro
- Pimenta-do-reino a gosto
- Sal grosso em grãos médios

MODO DE PREPARO
- Tempere o carré com todos os ingredientes, menos o sal grosso.
- Deixe marinando por aproximadamente 2 horas na geladeira.
- Acenda o carvão na churrasqueira e deixe o braseiro ficar uniforme, por mais ou menos 40 minutos.
- Retire a carne da geladeira e espere até ficar em temperatura ambiente.
- Espalhe o sal grosso pela carne e leve para a churrasqueira com os ossos virados para baixo a uma distância de 15 centímetros da brasa.
- Asse por 15 minutos, vire e deixe dourar do outro lado por mais 10 minutos.
- Retire a carne da brasa.
- Deixe descansar por 5 minutos, para que a carne mantenha seus sucos.
- Corte entre as costelas e volte os pedaços para a grelha.
- Doure cada pedaço por 2 minutos de cada lado.
- Sirva em seguida.

PARA HARMONIZAR COM O PRATO

Para acompanhar o carré de cordeiro na brasa escolha uma cerveja como a India Pale Ale, que tem teor alcoólico médio, amargor e aroma floral. Refrescante, deve ser servida entre 5°C e 8°C

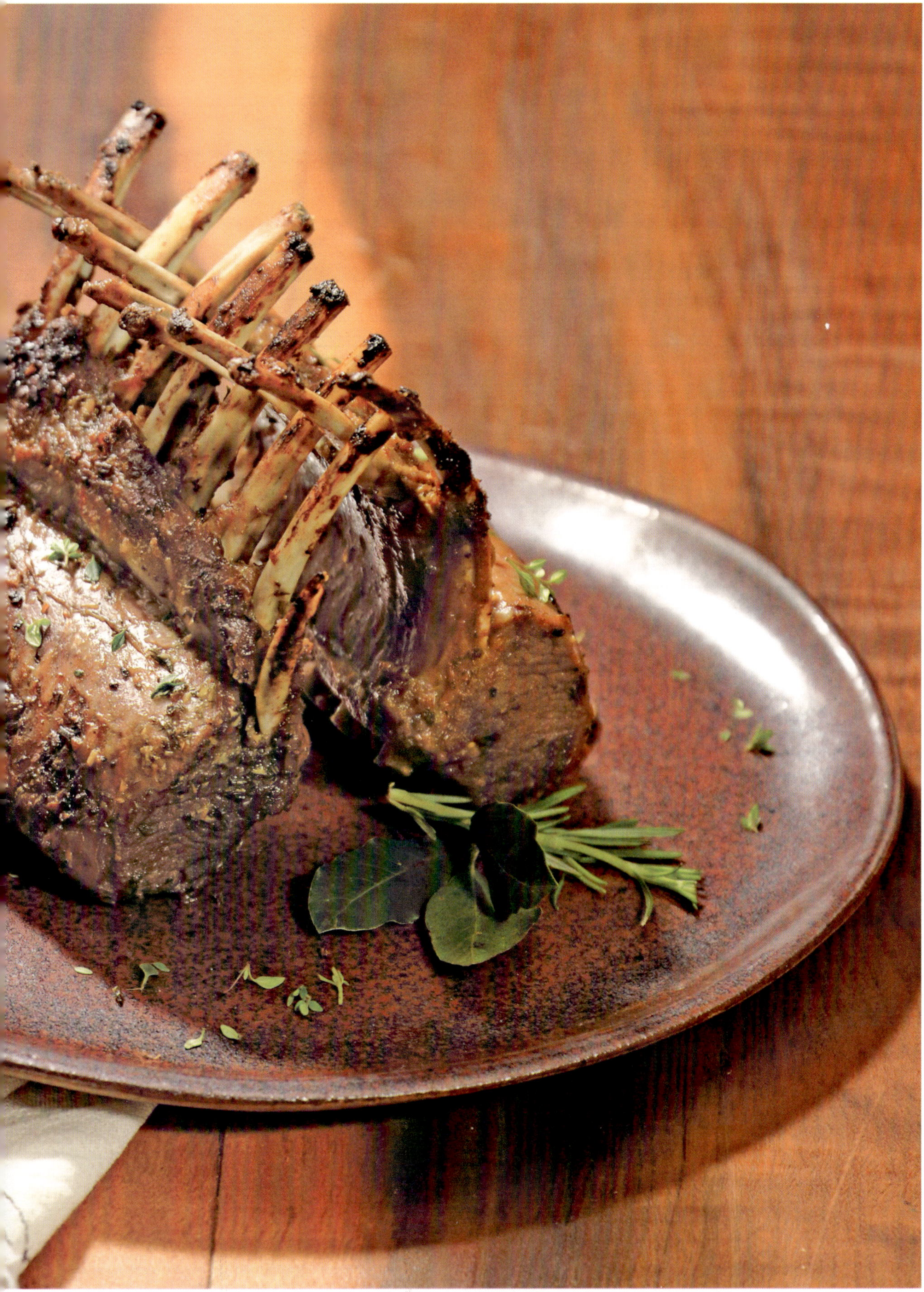

CARRÉ DE CORDEIRO COM PURÊ DE MANDIOQUINHA

Rendimento: 8 porções
Tempo de preparo: 4h50

INGREDIENTES
- 1 carré de cordeiro de aproximadamente 1,2 kg
- 1 xícara (chá) de vinho branco seco
- 2 dentes de alho amassados
- 1 colher (sopa) de tomilho
- 1 colher (sopa) de alecrim picado
- 1 folha de louro
- Pimenta-do-reino a gosto
- Sal grosso em grãos médios
- 800 g de mandioquinha cozida
- 1 e 1/2 xícara (chá) de leite
- 2 colheres (sopa) de manteiga sem sal
- Sal fino a gosto
- ½ xícara de creme de leite fresco

MODO DE PREPARO
- Tempere o carré com o vinho, o alho, as ervas e a pimenta-do-reino.
- Deixe marinando por aproximadamente 2 horas na geladeira.
- Acenda o carvão na churrasqueira e deixe o braseiro ficar uniforme, por mais ou menos 40 minutos.
- Enquanto isso, esprema a mandioquinha num espremedor de batatas.
- Em uma panela, leve ao fogo baixo com a manteiga e o leite. Mexa sempre até atingir o ponto de purê.
- Tempere com sal, desligue o fogo e acrescente o creme de leite, misturando bem. Reserve em local aquecido.
- Retire a carne da geladeira e espere até ficar em temperatura ambiente.
- Espalhe o sal grosso pela carne e leve para a churrasqueira com os ossos virados para baixo a uma distância de 15 centímetros da brasa.
- Asse por 15 minutos, vire e deixe dourar do outro lado por mais 10 minutos.
- Retire a carne da brasa.
- Deixe descansar por 5 minutos, para que a carne mantenha seus sucos.
- Corte entre as costelas e volte os pedaços para a grelha.
- Doure cada pedaço por 2 minutos de cada lado.
- Sirva em seguida acompanhado do purê de mandioquinha.

Para acompanhar o carré de cordeiro escolha uma cerveja refrescante American Pale Ale, que tem notas aromáticas de lúpulo e coloração. Tem teor alcoólico em torno de 5%

PARA HARMONIZAR COM O PRATO

PALETA DE CORDEIRO NA BRASA

Rendimento: 8 porções
Tempo de preparo: 2h40
(mais 12 horas de marinada)

INGREDIENTES
- 1 paleta de cordeiro de aproximadamente 2 kg
- 6 dentes de alho
- 1 cebola média
- 2 colheres (sopa) de folhas de hortelã
- 2 colheres (sopa) de folhas de alecrim
- 4 folhas de louro
- Pimenta-do-reino branca moída a gosto
- 1 colher (sopa) de sal grosso
- 2 colheres (sopa) de azeite
- Plástico filme

MODO DE PREPARO
- Bata no liquidificador, o alho, a cebola, as folhas de hortelã, de alecrim e de louro, a pimenta-do-reino, o sal e o azeite.
- Coloque a carne em uma assadeira, faça vários furos com uma faca pequena e espalhe o molho.
- Cubra com o plástico filme e leve à geladeira por 12 horas.
- Acenda o carvão na churrasqueira e deixe o braseiro ficar uniforme, por mais ou menos 40 minutos.
- Coloque a carne no espeto e leve à churrasqueira a uma distância de 30 centímetros da brasa por 2 horas, virando a cada 20 minutos.
- Desça para uma distância de 15 centímetros do fogo e deixe dourar por 30 minutos, virando sempre.
- Retire da brasa e deixe descansar por 5 minutos.
- Fatie e sirva em seguida.

PARA HARMONIZAR COM O PRATO
A paleta de cordeiro combina muito bem com cervejas do tipo India Pale Ale. De alta fermentação, têm cor âmbar, sabor presente de lúpulo e alto teor alcoólico

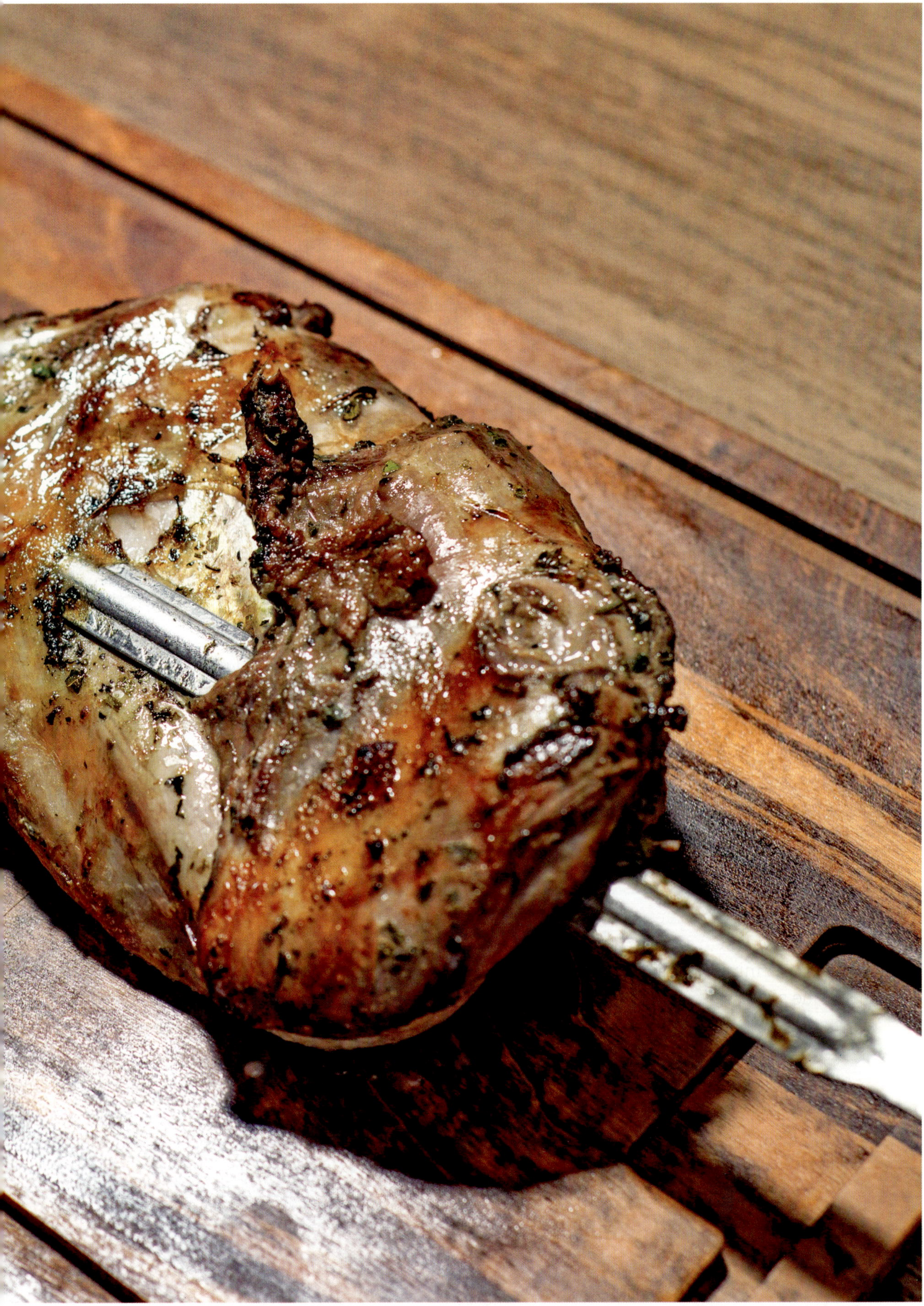

CHURRASCO NO DIA A DIA

Para aqueles dias em que você está com vontade de comer um bom grelhado e não dispõe de muito tempo para preparar, selecionamos receitas deliciosas de peixes, carne de frango e de cordeiro que são rápidas e fáceis de fazer. Escolha a sua e bom apetite!

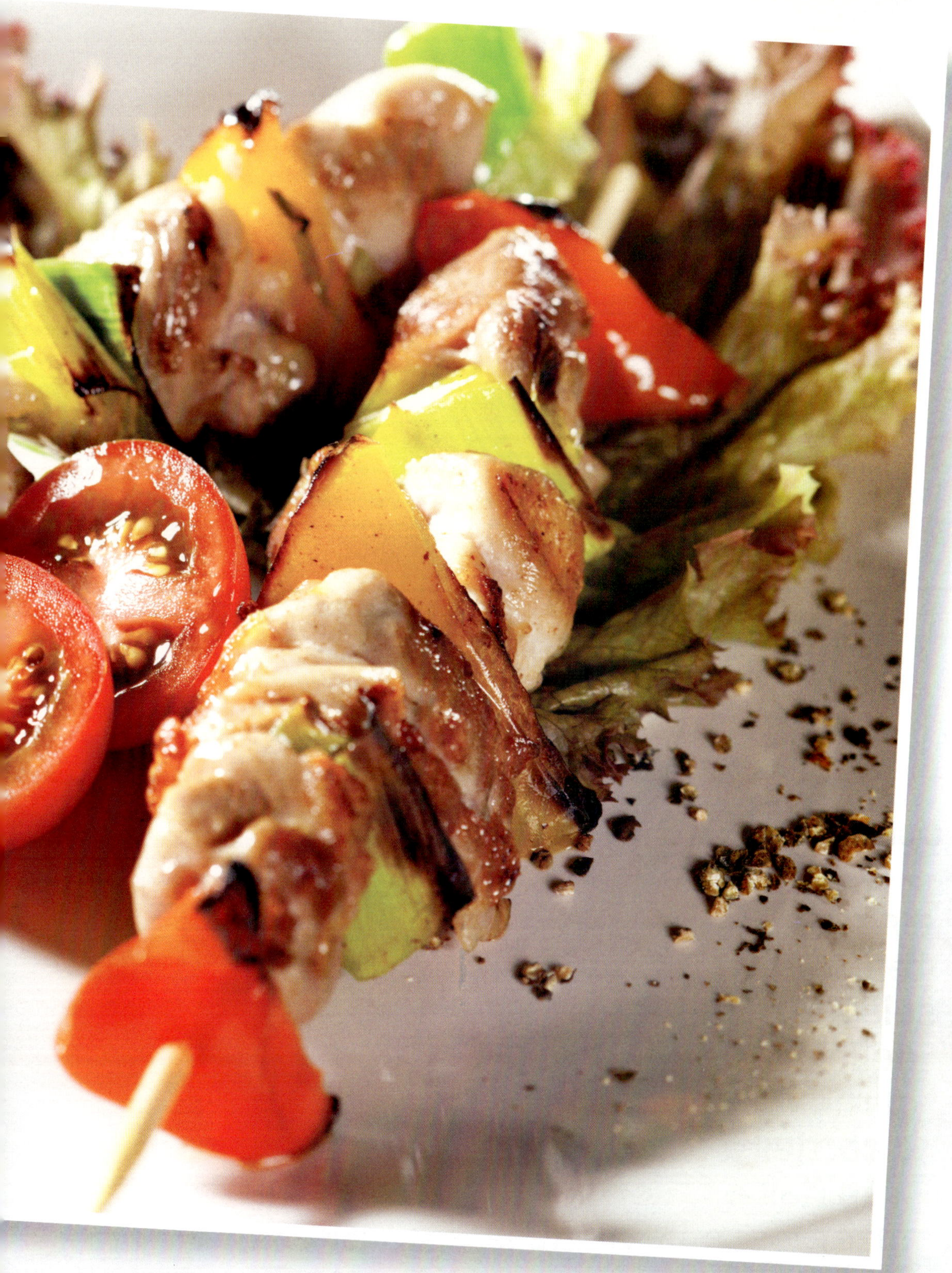

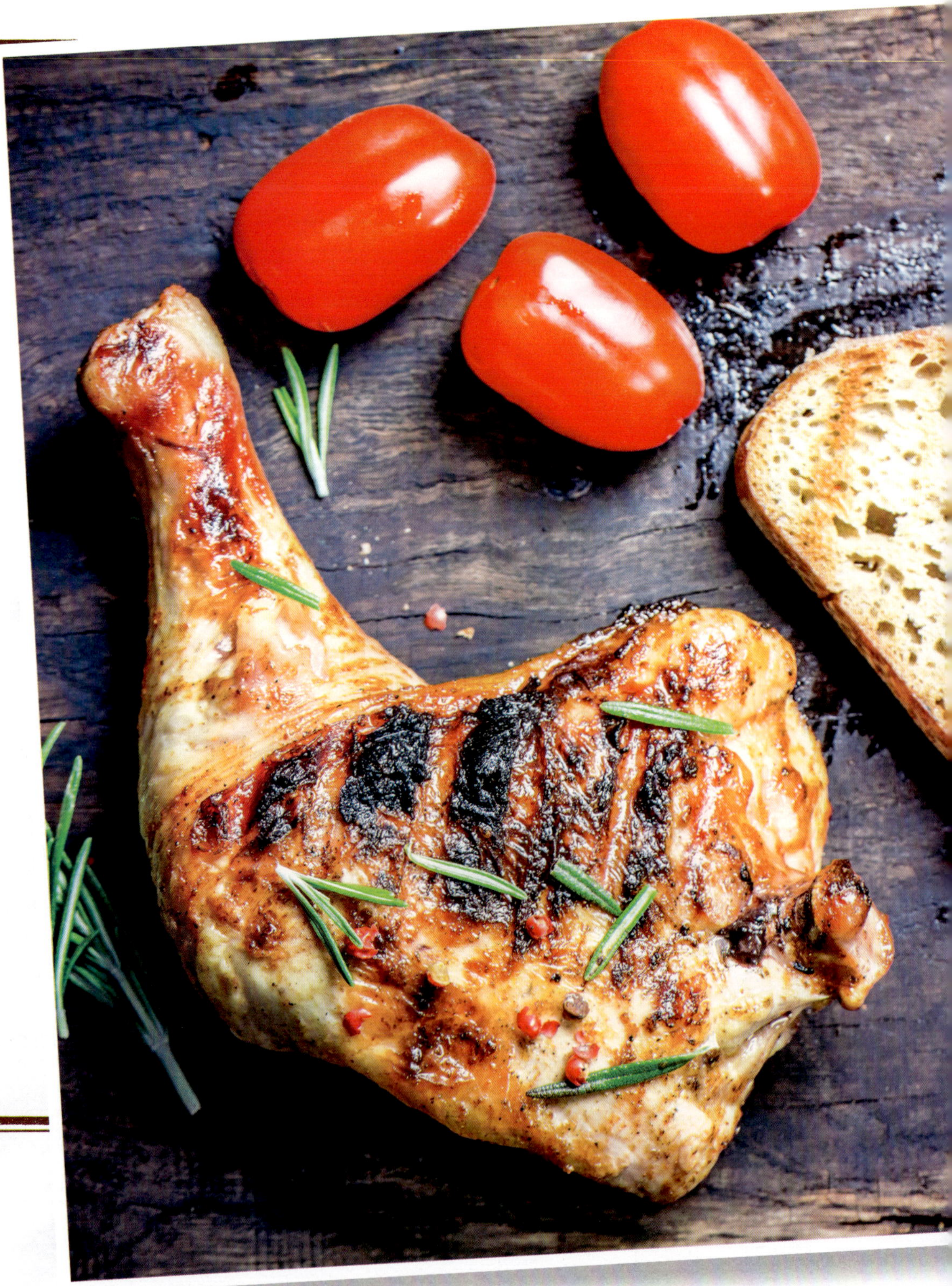

COXA E SOBRECOXA GRELHADAS COM ALECRIM

Rendimento: 4 porções
Tempo de preparo: 2h30

INGREDIENTES
• 4 coxas com as sobrecoxas de frango e pele
• Azeite de oliva a gosto
• Pimenta-do-reino moída a gosto
• Sal fino a gosto
• 1 colher (sopa) de folhas de alecrim
• 100 ml de vinho branco seco

MODO DE PREPARO
• Em um recipiente, tempere a carne com azeite, pimenta-do-reino, sal e folhas de alecrim.
• Leve à geladeira para marinar por 1 hora.
• Acenda o carvão na churrasqueira e deixe o braseiro ficar uniforme, por mais ou menos 40 minutos.
• Retire o frango da geladeira, regue com o vinho branco e deixe a carne voltar à temperatura ambiente.
• Leve a carne para a grelha a uma distância de 15 centímetros da brasa e asse por 20 minutos de cada lado ou até dourar.
• Retire da churrasqueira, deixe descansar por 5 minutos e sirva em seguida.

Frango, Peixe & Carnes Exóticas

FILÉ DE FRANGO NA BRASA COM MANTEIGA DE ERVAS

Rendimento: 4 porções
Tempo de preparo: 1h

INGREDIENTES
- 4 filés de peito de frango
- Sal fino a gosto
- Pimenta-do-reino a gosto
- 2 colheres (sopa) de azeite
- 2 colheres (sopa) de manteiga sem sal
- 2 colheres (sopa) de vinho branco seco
- 1 colher (sopa) de folhas de manjericão
- 1 colher (sopa) de folhas de alecrim
- 1 colher (sopa) de folhas de tomilho
- 1 colher (sopa) de folhas de orégano

MODO DE PREPARO
- Acenda o carvão na churrasqueira e deixe o braseiro ficar uniforme, por mais ou menos 40 minutos.
- Tempere os filés com o sal, a pimenta-do-reino e o azeite.
- Em uma panela, derreta a manteiga, acrescente o vinho e as ervas frescas.
- Pincele os filés com a manteiga de ervas e leve a carne para a grelha a uma distância de 15 centímetros da brasa.
- Asse por 10 minutos, vire, pincele mais manteiga de ervas e deixe mais 10 minutos ou até dourar.
- Retire a carne da churrasqueira, deixe descansar por 3 minutos e sirva em seguida.

ESPETINHO DE FRANGO COM TOMATE E PIMENTÕES

Rendimento: 10 porções • Tempo de preparo: 1h20

INGREDIENTES
- 1 kg de peito de frango cortado em cubos grandes
- Sal fino a gosto
- Pimenta-do-reino branca moída a gosto
- Suco de 2 limões
- 6 colheres (sopa) de azeite de oliva
- 10 tomates cereja
- 1 pimentão vermelho cortado em cubos grandes
- 1 pimentão amarelo cortado em cubos grandes
- 1 pimentão verde cortado em cubos grandes
- Espetinhos próprios para churrasco

MODO DE PREPARO
- Em um recipiente, tempere a carne com o sal, a pimenta-do-reino, o suco de limões e o azeite.
- Leve à geladeira para marinar por 1 hora.
- Acenda o carvão na churrasqueira e deixe o braseiro ficar uniforme, por mais ou menos 40 minutos.
- Retire o frango da geladeira e monte os espetinhos, intercalando pedaços de carne com cubos de pimentões e tomates cereja.
- Leve a carne para a grelha a uma distância de 15 centímetros da brasa e asse por 20 minutos ou até dourar, virando sempre.
- Retire da churrasqueira, deixe descansar por 5 minutos e sirva em seguida.

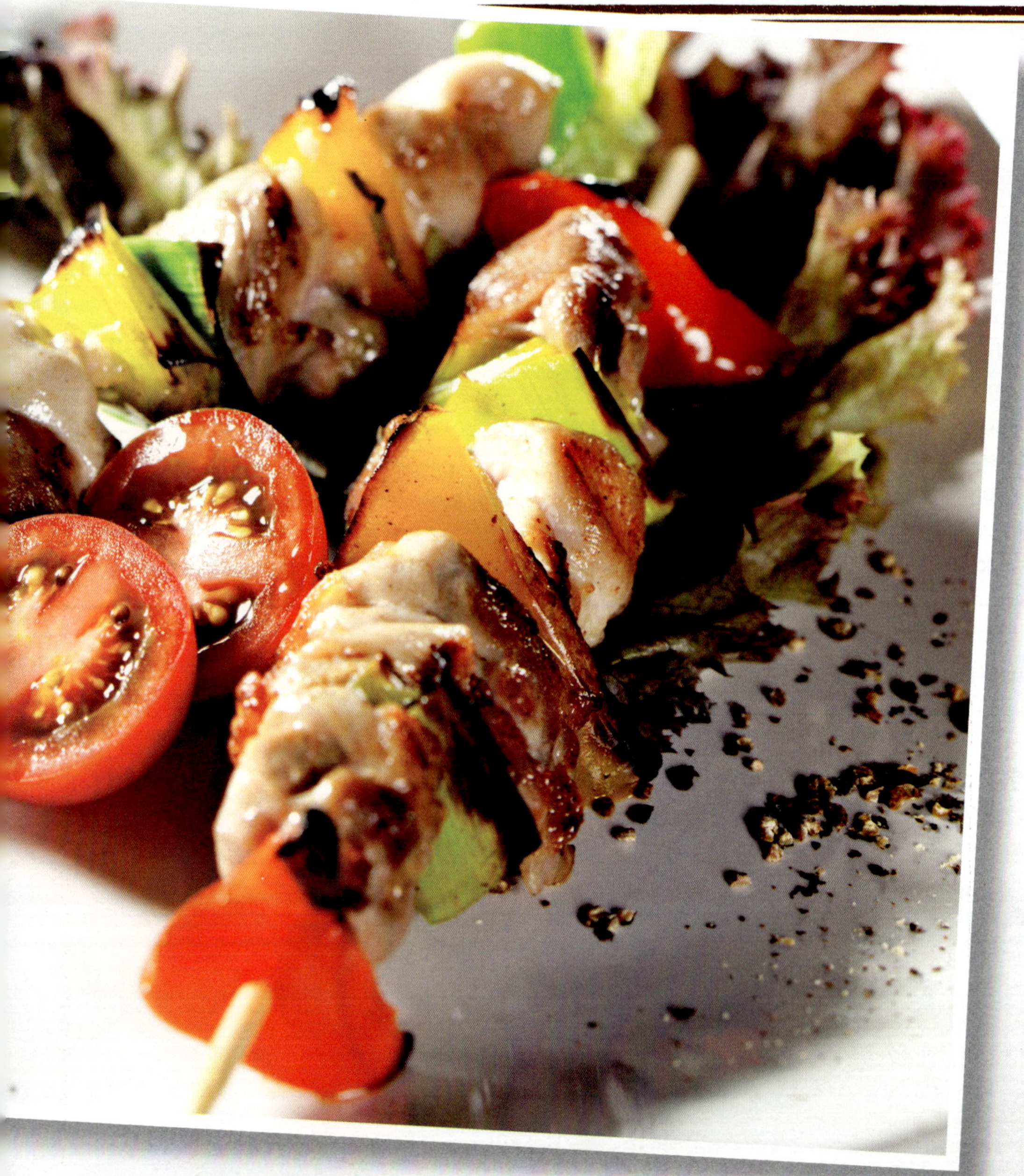

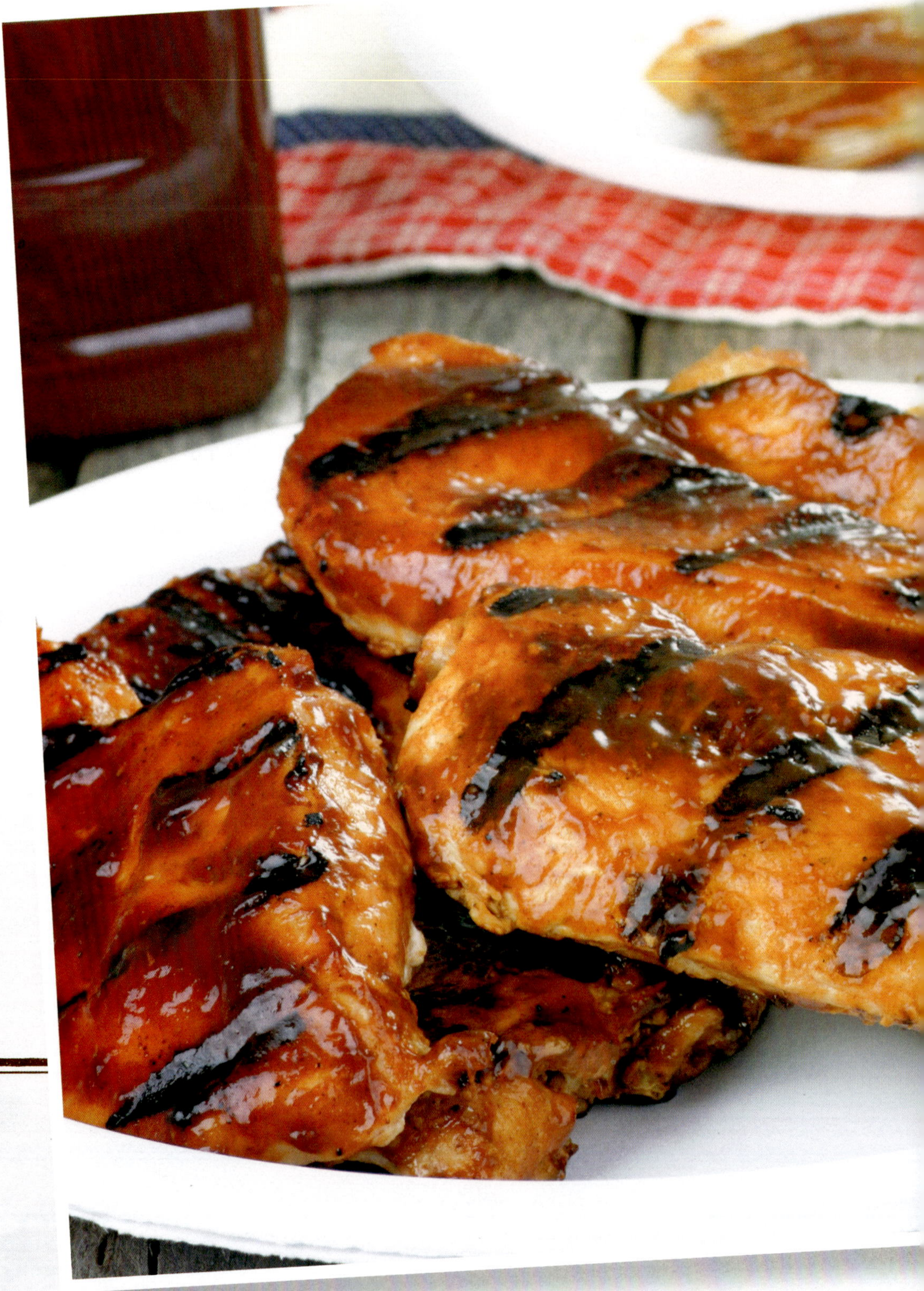

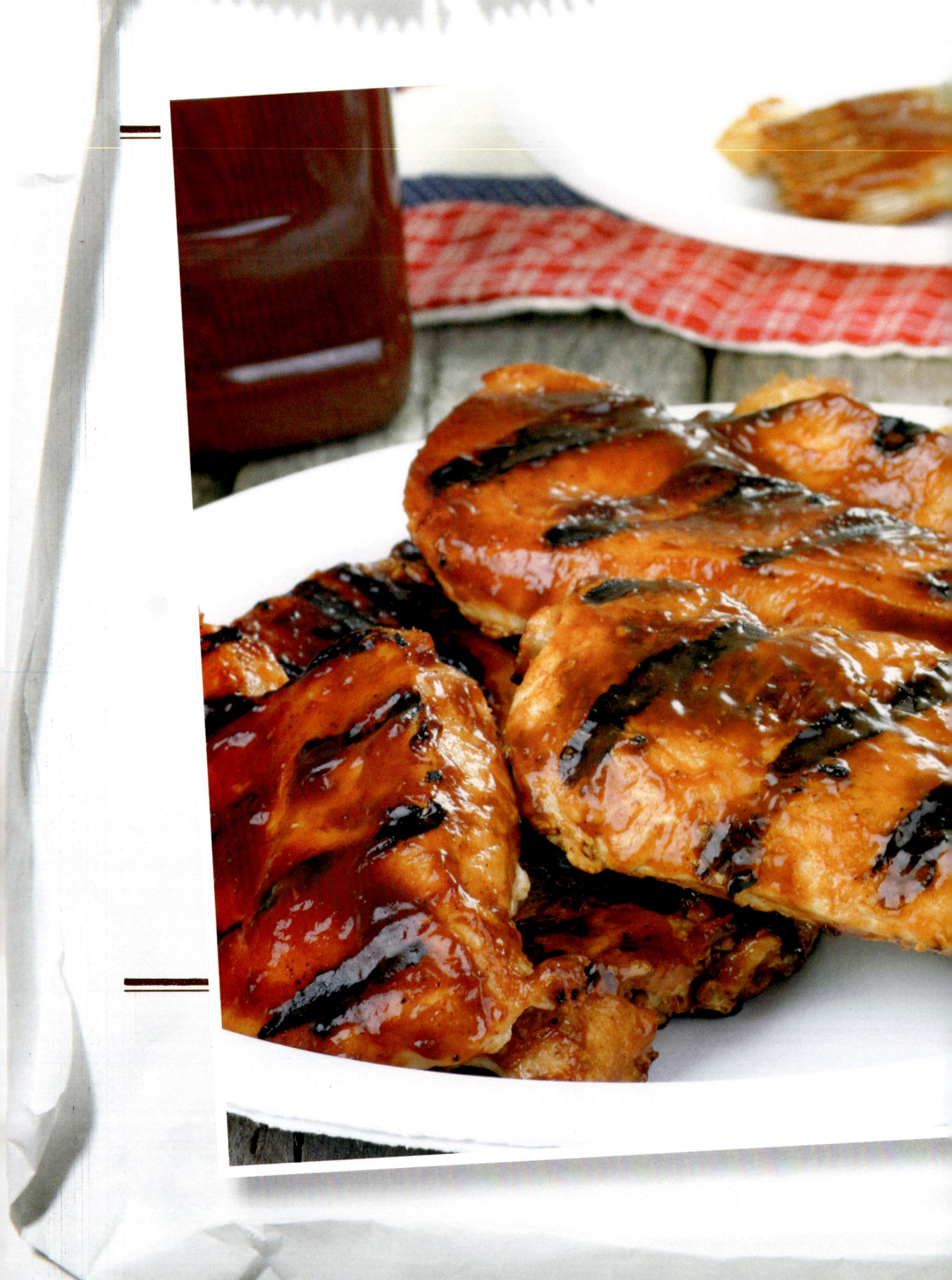

FILÉ DE PEITO DE FRANGO COM MOLHO BARBECUE

Rendimento: 6 porções
Tempo de preparo: 1h

INGREDIENTES
- 6 filés de peito de frango limpos
- Sal fino a gosto
- Pimenta-do-reino em pó a gosto
- Suco de 1/2 limão
- 2 dentes de alho amassados
- 6 colheres (sopa) de molho barbecue industrializado

MODO DE PREPARO
- Acenda o carvão na churrasqueira e deixe o braseiro ficar uniforme, por mais ou menos 40 minutos.
- Tempere os filés com o sal, a pimenta, o suco de limão e o alho. Deixe descansando por 20 minutos.
- Leve os filés à churrasqueira a uma distância de 15 centímetros da brasa.
- Asse por 5 minutos de cada lado, ou até atingir o ponto desejado.
- Antes de tirar a carne da churrasqueira, pincele cada filé com o molho barbecue.
- Retire do fogo, deixe descansar por 3 minutos e sirva em seguida.

ESPETINHO DE CAMARÃO

Rendimento: 5 porções
Tempo de preparo: 1h

INGREDIENTES
- 1 kg de camarão grande, limpo, com casca e sem cabeça
- 3 dentes de alho espremidos
- Suco de 1 limão
- Sal fino e pimenta-do-reino a gosto
- 1 colher (chá) de páprica picante
- 1 colher (chá) de gengibre fresco ralado
- 3 colheres (sopa) de óleo vegetal

MODO DE PREPARO
- Acenda o carvão na churrasqueira e deixe o braseiro ficar uniforme, por mais ou menos 40 minutos.
- Em um recipiente, misture o alho, o suco de limão, o sal, a pimenta, a páprica, o gengibre e o óleo.
- Acrescente o camarão, misture bem e leve à geladeira. Deixe marinar por 15 minutos.
- Espete os camarões em espetos de churrasco e leve à grelha a 15 centímetros de altura da brasa.
- Asse por 10 minutos, virando na metade do tempo.
- Retire do fogo e sirva em seguida.

ESPETINHOS DE SALMÃO AO LIMÃO

Rendimento: 10 porções
Tempo de preparo: 1h

INGREDIENTES

- 1 kg de lombo de salmão
- Sal fino a gosto
- 1 colher (sobremesa) de alho em pó
- Suco de 2 limões
- Azeite de oliva a gosto
- Espetinhos para churrasco
- Salsa picada e gergelim torrado a gosto

MODO DE PREPARO

- Acenda o carvão na churrasqueira e deixe o braseiro ficar uniforme, por mais ou menos 40 minutos.
- Corte o salmão em cubos grandes. Tempere com o sal, o alho, o suco de limão e o azeite.
- Coloque os cubos em palitos próprios para churrasco.
- Leve os espetos à churrasqueira a uma distância de 30 centímetros da brasa. Asse por 20 minutos, virando sempre.
- Retire da brasa, salpique a salsa e o gergelim e sirva em seguida.

POSTAS DE SALMÃO NA CHURRASQUEIRA

Rendimento: 4 porções
Tempo de preparo: 1h

INGREDIENTES
- 1 kg de salmão em postas
- Sal fino a gosto
- Azeite de oliva a gosto
- Pimenta-do-reino branca a gosto
- 1/3 de xícara (chá) de shoyu

MODO DE PREPARO
- Acenda o carvão na churrasqueira e deixe o braseiro ficar uniforme, por mais ou menos 40 minutos.
- Tempere bem o peixe com o sal, a pimenta e o azeite.
- Coloque as postas em uma grelha própria para peixes e leve à churrasqueira a uma distância de 25 centímetros da brasa.
- Asse por 10 minutos.
- Vire com cuidado e asse por mais 10 minutos.
- Retire da churrasqueira e sirva acompanhado de shoyu.

Frango, Peixe & Carnes Exóticas | Bíblia do Churrasco | 57

ATUM GRELHADO COM ERVAS

Rendimento: 5 porções
Tempo de preparo: 1h10

INGREDIENTES
- 6 filés altos de atum sem pele
- 4 colheres (sopa) de azeite de oliva
- Suco de 1 limão
- Sal a gosto
- Pimenta-do-reino a gosto
- 6 dentes de alho sem a pele cortados em lascas finas
- 1/2 xícara (chá) alecrim fresco picado
- 1/2 xícara (chá) de salsa fresca picada
- 1/2 xícara (chá) de orégano fresco picado
- 1 pimenta dedo-de-moça
- 1 e 1/2 xícara de azeite de oliva
- Casca ralada de 1 limão

MODO DE PREPARO
- Tempere o peixe com o azeite, o suco de limão, o sal e a pimenta-do-reino.
- Leve à geladeira e deixe marinar por 1 hora.
- Acenda o carvão na churrasqueira e deixe o braseiro ficar uniforme, por mais ou menos 40 minutos.
- Em um recipiente, misture o alho, o alecrim, a salsa, o orégano, a pimenta, o azeite, o sal e as raspas de limão.
- Misture bem e reserve.
- Coloque os filés de atum na churrasqueira e grelhe por 4 minutos de cada lado.
- Retire do fogo, regue com o molho e sirva em seguida.

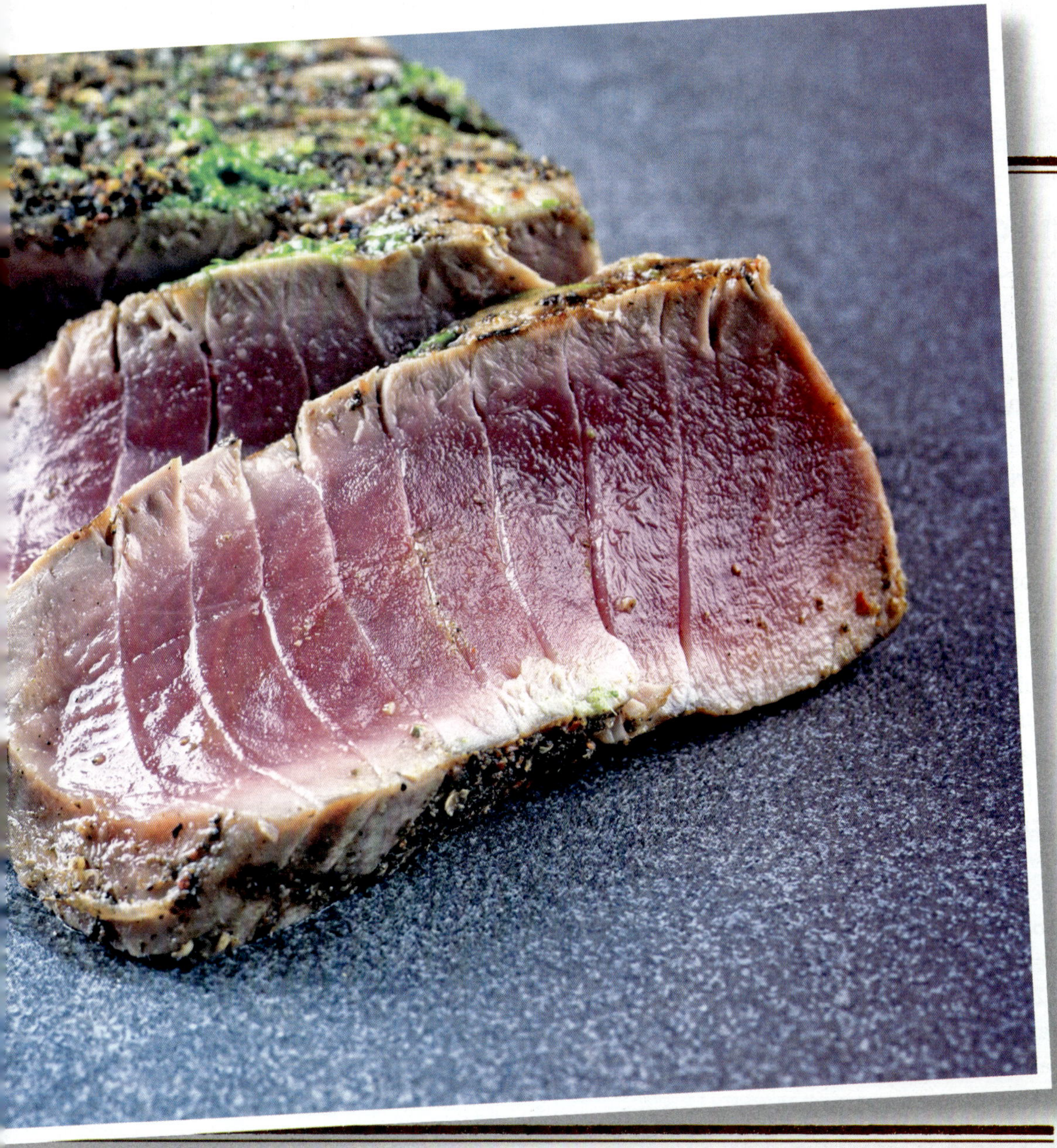

ANCHOVA AO LIMÃO-SICILIANO E CEBOLINHA

Rendimento: 4 porções
Tempo de preparo: 1h10

INGREDIENTES
- 1 anchova inteira de aproximadamente 1 kg, limpa
- Suco de 1 limão-siciliano
- 2 colheres (sopa) cebolinha picada
- 1 dente de alho amassado
- Sal fino a gosto
- 1 limão-siciliano em rodelas finas
- 100 g de manteiga sem sal derretida para regar o peixe

MODO DE PREPARO
- Acenda o carvão na churrasqueira e deixe o braseiro ficar uniforme, por mais ou menos 40 minutos.
- Misture o suco de limão, a cebolinha, o alho e o sal.
- Tempere todo o peixe com essa mistura, deixe descansar por 5 minutos e retire o excesso da parte de fora.
- Recheie o pescado com as fatias de limão e coloque em uma grelha própria para peixes.
- Regue com a manteiga derretida e leve à churrasqueira a uma distância de 15 centímetros da brasa.
- Deixe o peixe assar por 10 minutos, vire e regue novamente com a manteiga.
- Asse por mais 10 minutos.
- Retire da churrasqueira e sirva acompanhado de legumes grelhados.

LINGUADO COM AZEITE DE ERVAS FRESCAS

Rendimento: 5 porções
Tempo de preparo: 1h10

INGREDIENTES
- 1 kg de filés de linguado grossos
- 1 colher (sopa) de folhas de manjericão
- 1 colher (sopa) de folhas de alecrim
- 1 colher (sopa) de folhas de tomilho
- 1 colher (sopa) de folhas orégano fresco
- 1 colher (sopa) de azeite de oliva
- 1 dente de alho amassado
- Azeite de oliva para untar

MODO DE PREPARO
- Em um recipiente, misture as ervas com o azeite e o alho.
- Espalhe o tempero pelos dois lados dos filés.
- Leve à geladeira e deixe marinar por 2 horas.
- Acenda o carvão na churrasqueira e deixe o braseiro ficar uniforme, por mais ou menos 40 minutos.
- Tire o excesso das ervas do peixe e pincele os dois lados dos filés com azeite.
- Coloque em uma grelha dupla, própria para peixe, e leve à churrasqueira a uma distância de 30 centímetros da brasa.
- Asse por 8 minutos, virando uma vez.
- Retire da brasa e sirva em seguida.

ESPETINHOS DE SALMÃO COM PIMENTÕES

Rendimento: 10 porções
Tempo de preparo: 1h

INGREDIENTES

- 1 kg de lombo de salmão
- Sal fino a gosto
- 1 colher (sobremesa) de alho em pó
- Azeite de oliva a gosto
- Pimenta-do-reino branca a gosto
- 1 pimentão amarelo
- 1 pimentão verde
- 1 pimentão vermelho
- Espetinhos para churrasco

MODO DE PREPARO

- Acenda o carvão na churrasqueira e deixe o braseiro ficar uniforme, por mais ou menos 40 minutos.
- Corte o salmão em cubos grandes.
- Tempere com o sal, a pimenta e o azeite.
- Retire as sementes dos pimentões e corte-os em cubos médios.
- Coloque os pedaços de salmão nos espetinhos, intercalando com os cubos de pimentão.
- Leve os espetos à churrasqueira a uma distância de 30 centímetros da brasa.
- Asse por 20 minutos, virando sempre.
- Retire da brasa e sirva em seguida.

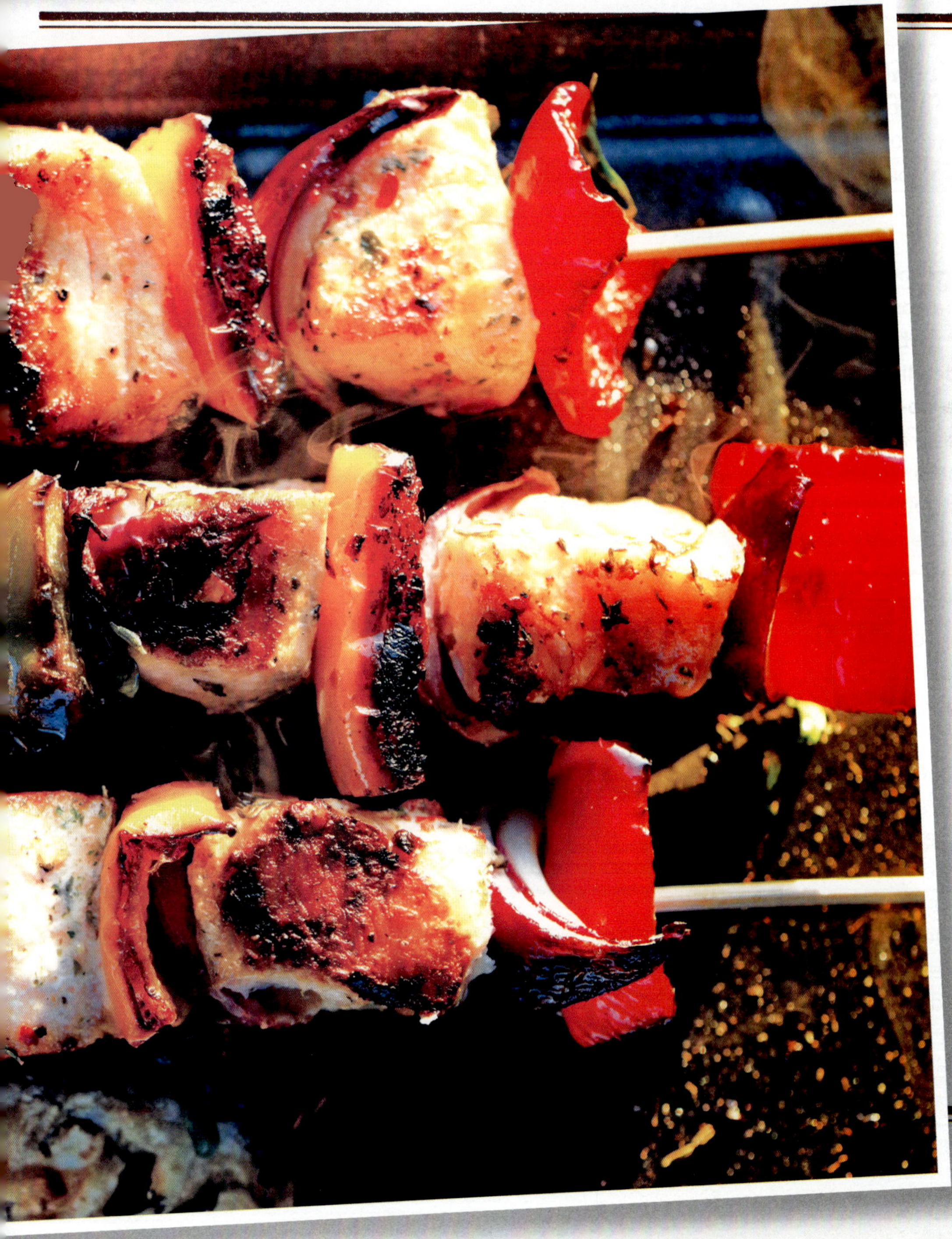

KEBAB DE CORDEIRO

Rendimento: 10 porções
Tempo de preparo: 2h20

INGREDIENTES
- 1 kg de pernil de cordeiro desossado, cortado em cubos médios
- Sal e pimenta-do-reino a gosto
- ¼ de xícara (chá) de azeite de oliva
- Suco de 1 limão
- 1 cebola roxa pequena finamente picada
- 1 colher (sopa) de folhas de tomilho
- 5 cebolas roxas médias
- Espetinhos para churrasco

MODO DE PREPARO
- Em um recipiente, junte o sal, a pimenta, o azeite, o suco de limão, a cebola picada e as folhas de tomilho.
- Acrescente a carne, misture bem e leve à geladeira por 2 horas, virando a carne pelo menos 3 vezes.
- Acenda o carvão na churrasqueira e deixe o braseiro ficar uniforme, por mais ou menos 40 minutos.
- Retire a carne do recipiente, escorra e reserve a marinada.
- Corte as cebolas em oito e monte os kebabs nos espetos, intercalando pedaços de cebola com pedaços de carne.
- Leve a carne para a churrasqueira a uma distância de 15 centímetros da brasa.
- Asse por 15 minutos, virando com frequência e regando com a marinada.
- Retire da churrasqueira, deixe descansar por 3 minutos e sirva em seguida.

Frango, Peixe & Carnes Exóticas | Bíblia do Churrasco | 65

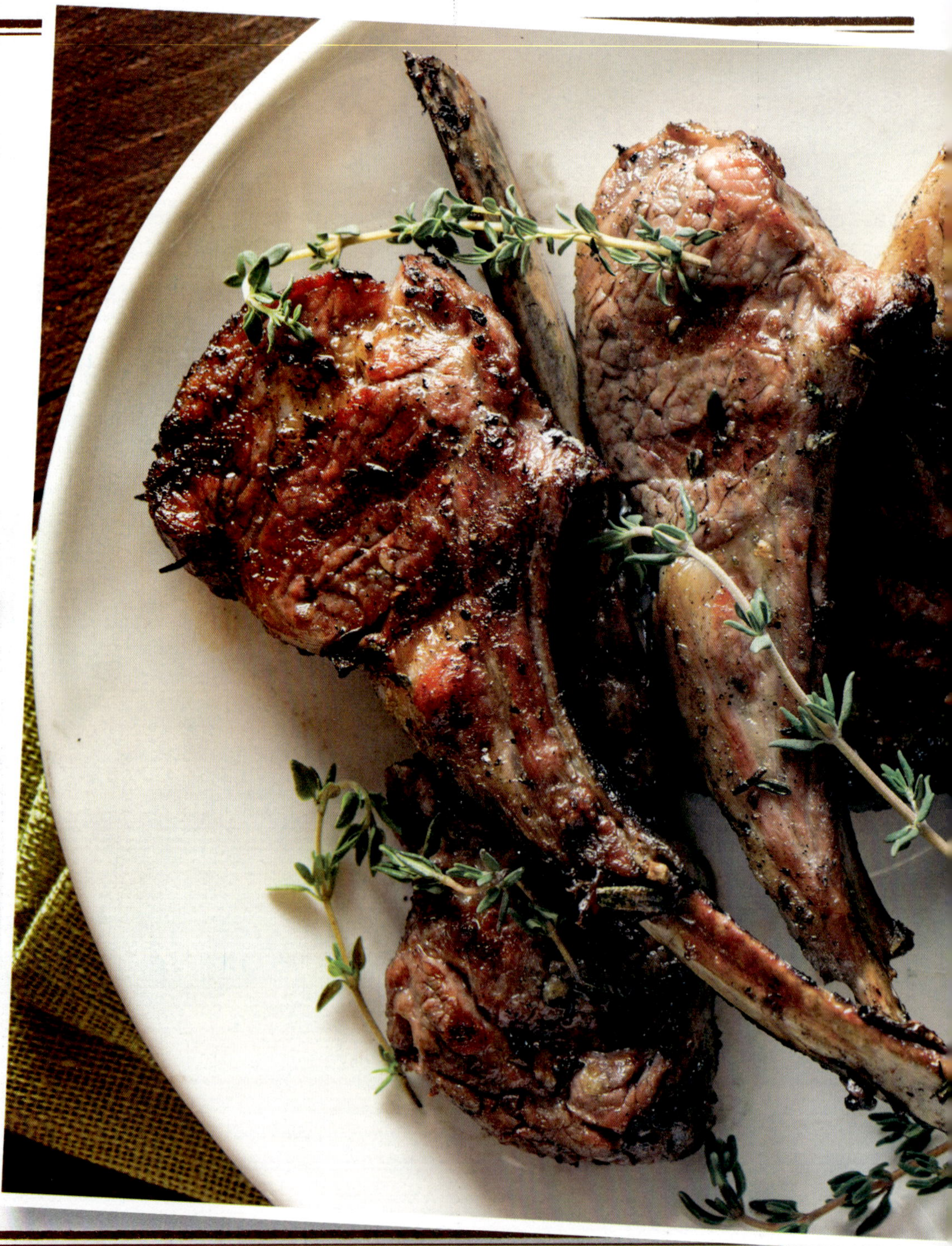

CARRÉ DE CORDEIRO COM TOMILHO

Rendimento: 6 porções
Tempo de preparo: 2h10

INGREDIENTES:
- 1,5 kg de carré de cordeiro separados pelos ossos
- 1 taça de vinho branco seco
- Pimenta-do-reino a gosto
- Pitadas de noz-moscada
- 1 colher (sopa) de folhas de tomilho fresco
- 1 colher (sopa) de manteiga sem sal
- Sal em grãos finos a gosto
- Azeite de oliva a gosto

MODO DE PREPARO
- Em um recipiente, tempere o carré de cordeiro com o vinho branco, a pimenta, a noz-moscada e o tomilho.
- Leve à geladeira e deixe marinar por 2 horas.
- Acenda o carvão na churrasqueira e deixe o braseiro ficar uniforme, por mais ou menos 40 minutos.
- Unte a chapa da churrasqueira com a manteiga e acomode os carrés.
- Tempere os pedaços com sal e asse por 4 minutos de cada lado.
- Retire da churrasqueira, coloque alguns ramos de tomilho, regue com azeite e sirva em seguida.

MANUAL DO BOM CHURRASQUEIRO

Para fazer um churrasco de sucesso é preciso saber escolher e manipular as peças, controlar o braseiro e acertar o ponto da carne. Veja a seguir uma seleção de dicas e truques para um grelhado perfeito

Mantenha a carne perfeita e livre de contaminação

Uma das coisas fundamentais quando se trabalha com alimentos é a higiene, principalmente quando o produto em questão é a carne, que, por ser manipulada *in natura*, está sujeita a proliferação de micro-organismos e bactérias. Também muito importante é o método de descongelamento e armazenamento durante o churrasco. Antes de começar a trabalhar as carnes, lave bem todos os utensílios que for usar, como facas, tábuas, espetos, grelhas e travessas. Mantenha as mãos sempre limpas, lavando com sabão cada vez que for mexer nos alimentos. Depois de ter todas as ferramentas limpas, providencie um local para armazenar as carnes durante o churrasco. Elas devem permanecer em uma temperatura entre 0° e 5° C. Pode ser numa geladeira ou isopor com gelo, o mais importante é estar bem perto da churrasqueira. A carne deve sair da refrigeração, ser salgada e posta na grelha sem ficar muito tempo exposta à temperatura ambiente, o que prejudica sua qualidade. Se optar pelo isopor, tome cuidado para o gelo e a água não entrarem em contato com a carne, mantendo a embalagem bem fechada e as pedras de gelo em sacos plásticos herméticos.

Calcule a quantidade certa

550 gramas é a quantidade aproximada que um homem consome num churrasco. Para as mulheres a conta fica em 400 gramas e, 250 gramas para as crianças. Essa equação não é exata, porque depende da quantidade de acompanhamentos e entradas. Peças com osso, como os cortes de frango e costela, devem pesar o dobro, para compensar a perda.

6 regras de ouro para preparar a carne

1 Descongele a carne sempre de um dia para o outro, dentro da geladeira. Mínimo de 12 horas.

2 Trabalhe com, no mínimo, duas tábuas e duas facas. Use uma das tábuas e uma das facas para manipular a carne crua e a outra para manipular a carne assada ou grelhada.

3 Nunca inverta as tábuas ou as facas, esse procedimento evita a contaminação cruzada.

4 Tenha uma lixeira próxima da churrasqueira e dê preferência para os modelos com pedal para evitar a contaminação da mão em contato com a tampa.

5 Use sempre um avental e tenha à mão panos de prato para manter as superfícies limpas.

6 Mantenha os cabelos curtos ou presos, as unhas cortadas e barbas aparadas ou protegidas durante o preparo.

Quais são e como funcionam os principais tipos de churrasqueiras e grelhas

CHURRASQUEIRAS

PRÉ-FABRICADA DE ALVENARIA COM CHAMINÉ: tem revestimento térmico apenas na fornalha (base e lados onde é depositado o carvão) e tem altura padrão de 2,20 metros. Dispensa mão de obra especializada para a instalação.

DE ALVENARIA COM CHAMINÉ: mais durável que o modelo pré-fabricado, por ser todo feito em material refratário, oferece melhor rendimento térmico. É feita sob medida por profissional especializado.

ABERTA: de alvenaria, também é conhecida como grelha. Basicamente é uma caixa na qual se coloca o carvão e suporte para grelha e espetos. Pode ter dois ou três andares. Ideal para espaços abertos, pois não tem chaminé para dispersar a fumaça.

PORTÁTEIS: podem ser retangulares, quadradas ou redondas, abertas ou com tampas para bafo. As mais sofisticadas têm controle de temperatura. Podem ser feitas de aço inox, ferro e ferro fundido.

BAFO: esse tipo de churrasqueira tem uma tampa, que funciona como forno, assando a carne por igual. É perfeita para carnes que precisam ser amaciadas como a costela.

GRELHAS

Seu uso facilita a vida do churrasqueiro. Com ela é possível acomodar vários tipos de corte e, com o controle de altura, grelhar e assar. Para grelhar cortes como bombom, entrecôte e filé-mignon e ter uma carne bem selada e suculenta, posicione a grelha a 15 cm de altura do braseiro. Para assar peças maiores, como a picanha inteira, deixe a 40 cm, e para peças grandes, como a costela, deixe a 60 cm da brasa.

GRELHA ARGENTINA Este é o modelo mais indicado pelos churrasqueiros profissionais, também conhecidas como canaletadas ou grelha parrilla. Suas canaletas de metal em formato de "V" possuem inclinação, o que faz que o sangue, a gordura e o tempero deslizem e se acumulem nas pingadeiras. Isso evita o gotejamento sobre o braseiro e a formação de labaredas, que não são ideais para o preparo do churrasco.

BARRAS Fáceis de higienizar durante e depois do preparo, proporcionam um contato maior entre os cortes e o braseiro, graças à distância entre as barras. Para evitar que a liberação de gordura e sulcos da carne formem labaredas, jogue as cinzas do churrasco anterior sobre a brasa.

MOEDAS Sua limpeza é mais difícil e é necessário o uso de escova durante o churrasco, para evitar que os sabores de carnes diferentes se misturem. Tendem a formar ondulações, pois são confeccionadas com uma única tela. É muito boa para preparar hambúrgueres.

PEIXES E LEGUMES Existem diversos modelos, as mais comuns são as retangulares. Móveis, de abrir e fechar e permitem que o corte seja virado de uma vez. Também podem ser usadas para pequenas peças de carne.

GRELHA X ESPETO
QUEM LEVA A MELHOR

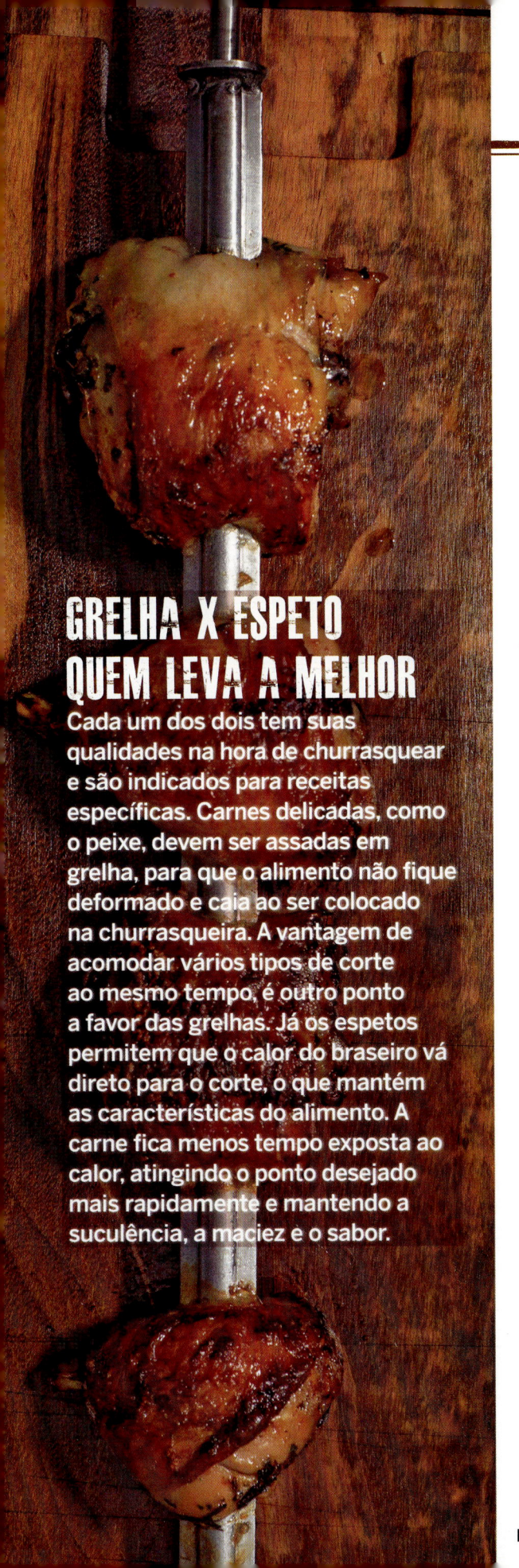

Cada um dos dois tem suas qualidades na hora de churrasquear e são indicados para receitas específicas. Carnes delicadas, como o peixe, devem ser assadas em grelha, para que o alimento não fique deformado e caia ao ser colocado na churrasqueira. A vantagem de acomodar vários tipos de corte ao mesmo tempo, é outro ponto a favor das grelhas. Já os espetos permitem que o calor do braseiro vá direto para o corte, o que mantém as características do alimento. A carne fica menos tempo exposta ao calor, atingindo o ponto desejado mais rapidamente e mantendo a suculência, a maciez e o sabor.

Colocando as armas na mesa

As facas são responsáveis pela precisão e melhor aproveitamento dos cortes, e é fundamental que estejam bem afiadas. Se tiverem perdido o fio, será necessária uma afiação com pedra própria para amolar. A melhor técnica é umedecer a pedra por cinco minutos para ela ganhar abrasividade, depois deslizar ¾ da lâmina sobre a superfície da pedra, com muita atenção para que o dorso da faca vá ao encontro da pedra, e não o fio da lâmina. Esse movimento deve ser em diagonal e com uma leve inclinação. O mesmo movimento deve ser repetido várias vezes, até ficar bem amolada. É importante deslizar os dois lados da faca o mesmo número de vezes.

ARSENAL BÁSICO

1. PARA DESOSSAR
Escolha uma faca com lâmina de 6 polegadas e curvatura.
2. PARA LIMPAR
A ponta arredondada facilita a retirada de pele e gordura.
3. PARA CORTAR E SERVIR
Faca de 8 polegadas.
4. CHAIRA
Instrumento responsável pela manutenção do fio. Escolha uma que tenha tamanho proporcional ao das facas que for usar.

APRENDA A AFIAR

Use a chaira nas facas que estão com o fio em ordem e que precisam apenas de manutenção durante o churrasco. Veja a seguir, passo a passo, a melhor técnica de afiação.

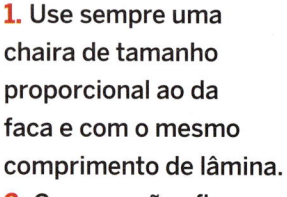

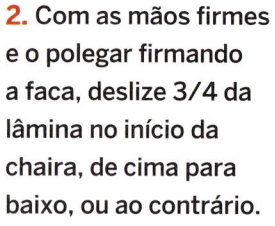

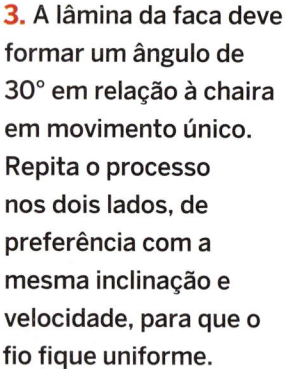

1. Use sempre uma chaira de tamanho proporcional ao da faca e com o mesmo comprimento de lâmina.

2. Com as mãos firmes e o polegar firmando a faca, deslize 3/4 da lâmina no início da chaira, de cima para baixo, ou ao contrário.

3. A lâmina da faca deve formar um ângulo de 30° em relação à chaira em movimento único. Repita o processo nos dois lados, de preferência com a mesma inclinação e velocidade, para que o fio fique uniforme.

DICA DE CHURRASQUEIRO

Conserve as facas limpas e secas, de preferência em um cepo ou bainha, para não danificá-las pelo contato com outros objetos.

A quantidade de carvão e o uso da técnica correta são determinantes para o sucesso do churrasco

O fogo deve ser aceso 40 minutos antes de começar o evento. Esse tempo é necessário para que o braseiro fique uniforme. Escolha um carvão de eucalipto – ele tem boa resistência, durabilidade, queima uniformemente, retém mais calor e é ecológico – ou briquetes, feitos de pó de carvão e amido (nesta opção, o fogo é lento, ideal para assados que levam mais tempo na churrasqueira, como costela ou cupim). Acomode uma pequena quantidade de carvão e use álcool gel ou álcool em pasta para acender o fogo – um pãozinho amanhecido embebido em álcool também é uma boa opção. O grande segredo é evitar colocar muito carvão, o excesso faz que o braseiro não consiga manter a temperatura constante, diminuindo em determinado momento e levantando labaredas em outro. O fogo deve sempre ser alimentado aos poucos, colocando

Conheça os tipos de sal

SAL GROSSO EM GRÃOS MÉDIOS
Tem o menor poder de salgar e é usado para temperar peças maiores, com mais de 1 kg, como a picanha inteira e a costela

SAL GROSSO TRITURADO EM GRÃOS FINOS
É usado para cortes com mais de 4 cm de altura. Também tempera a peça de carne que foi fatiada e volta a assar

SAL FINO
Para cortes como o filé-mignon, com até 3 cm de altura, que geralmente vão para a grelha. Deve ser usado com cuidado, pois é o que tem o maior poder de salgar

---

algumas pedras novas ao lado do braseiro e, conforme a necessidade, ir alimentando com mais e misturando lentamente. Para garantir melhor sabor à carne, espere que o braseiro fique em sua maioria incandescente, com uma fina camada branca por cima. Nunca use água para controlar as labaredas, esse método apenas faz fumaça e libera fuligem. Jogue as cinzas guardadas do churrasco anterior sobre a brasa, isso evitará que o fogo avance e manterá a temperatura da churrasqueira elevada. Também funciona para inibir a fumaça gerada pela gordura que escorre da carne.

> **PALAVRA DE EXPERT**
>
> "Um truque certeiro para controlar a temperatura do braseiro é colocar a mão a 15 cm da brasa e contar de um a cinco. Se suportou o calor até 'cinco', significa que o calor está perfeito para grelhar. Se chegou ao 'quatro' a carne irá queimar, e ao 'seis', cozinhar."
>
> **Valdecir Larentis,**
> Chefe de carnes do Vento Haragano Morumbi, SP

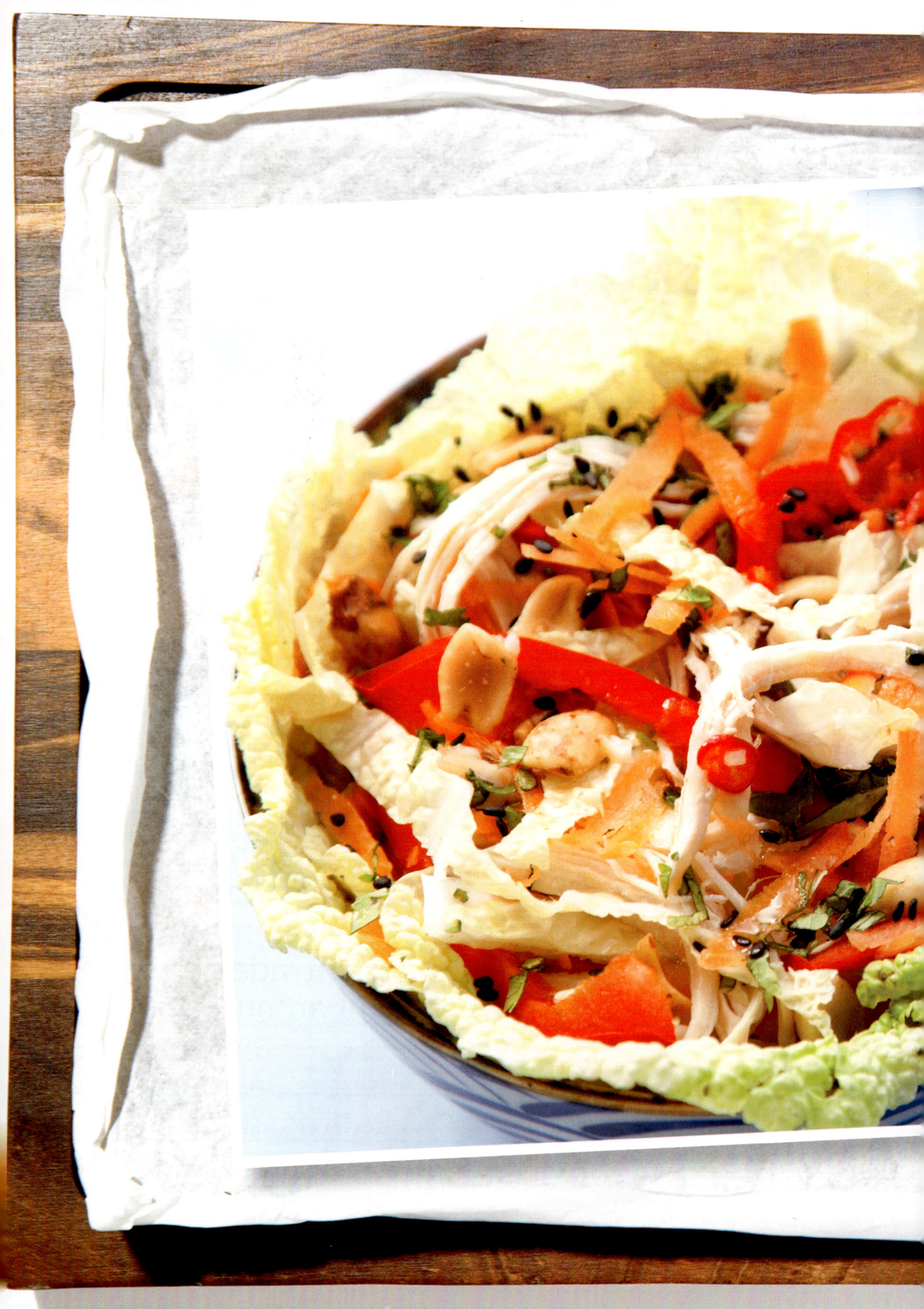

CHURRASCO BEM ACOMPANHADO

Bolinho de batata com bacalhau, quiche de palmito, saladas fresquinhas, salpicão de frango, pães deliciosos... A seguir, uma seleção de receitas de entradas e acompanhamentos para deixar ainda mais saborosos os seus assados

SALADA DE SOJA E VEGETAIS

Rendimento: 2 porções
Tempo de preparo: 15 min.

INGREDIENTES
- 1 prato (mesa) de alface lisa
- 1 abobrinha média inteira
- 4 fatias médias de tomates
- 4 col. (sopa) de soja cozida
- 1 unidade pequena de palmito
- 2 col. (sopa) de cenoura ralada
- 1 col. (sopa) de salsinha
- 1 col. (sopa) de vinagre de maçã
- 1 col. (sopa) de orégano
- 1 col. (sopa) de azeite de oliva extravirgem
- 1 col. (chá) de sal refinado

MODO DE PREPARO
- Higienize bem a alface, a abobrinha, o tomate e a cenoura, corte em rodelas o palmito, rale a abobrinha e pique os tomates e a salsinha.
- Misture esses ingredientes, com exceção da alface que será usada mais tarde. Acrescente a soja cozida e tempere a mistura dos ingredientes com sal, azeite, vinagre e orégano, de acordo com seu gosto.
- Arrume um prato de alface e, sobre ela, disponha a mistura dos vegetais. Sirva a seguir.

SALPICÃO DE FRANGO

Rendimento: 8 porções
Tempo de preparo: 30 min.

INGREDIENTES
- 1 peito de frango cozido e desfiado
- 1 cenoura cozida em cubinhos
- 2 col. (sopa) de uva-passa
- 2 col. (sopa) de nozes picadas
- 1 maçã verde picada
- 1 maçã vermelha picada
- 1 col. (sopa) de cheiro-verde
- 4 col. (sopa) de salsão picado
- 4 col. (sopa) de erva-doce picada
- Sal e pimenta a gosto

Maionese:
- 1 e ½ copo de queijo cottage
- 1 col. (chá) de mostarda
- 1 col. (chá) de molho inglês
- Sal e pimenta a gosto
- 1 col. (sobrem.) de limão

MODO DE PREPARO
- Coloque o peito de frango desfiado, a cenoura, as uvas-passas, as nozes, as maçãs, o cheiro-verde, o salsão e a erva-doce em uma travessa grande. Misture-os e reserve.

Maionese:
- Bata o queijo cottage no liquidificador até obter a consistência de um creme homogêneo.
- Junte a mostarda, o molho inglês, o limão, o sal e a pimenta, misturando um a um com o creme de cottage. Deixe a mistura bater mais um pouco, para que os ingredientes se incorporem bem.
- Leve a maionese preparada à geladeira por cerca de uma hora para dar ponto.

Montagem:
- Misture a maionese de queijo cottage com os ingredientes da salada já misturados em uma travessa grande. Sirva gelado.

SALADA CÍTRICA DE FEIJÃO-BRANCO E LARANJA

Rendimento: 4 porções
Tempo de preparo: 40 min.

INGREDIENTES
- 1 xíc. (chá) de feijão-branco, deixado de molho em água na véspera
- 1 dente de alho picado
- 1 cebola pequena picada
- 1 col. (chá) de gengibre ralado
- 1 col. (sopa) de azeite de oliva
- Sal a gosto
- 1 xíc. (chá) de erva-doce
- 1 laranja cortada em gomos, sem a pele e sem sementes

MODO DE PREPARO
- Cozinhe o feijão-branco até que fique bem macio. Escorra-o e deixe reservado, para que possa esfriar.
- Enquanto isso, em uma panela, refogue o alho, a cebola e o gengibre com o azeite de oliva até os ingredientes dourarem. Retire do fogo e deixe esfriar.
- Depois do refogado estar frio, adicione o salsão, os gomos de laranja e o feijão-branco já frio. Misture bem e sirva a seguir.

SALADA DE FRUTAS SECAS COM VINHO

Rendimento: 4 porções
Tempo de preparo: 15 min.

INGREDIENTES
- 2 figos secos médios
- 2 damascos secos médios
- 2 ameixas secas médias sem caroço
- 4 fatias secas de manga
- ½ xíc. (chá) de vinho branco para sobremesa
- 2 col. (sopa) de azeite de oliva
- 2 col. (sopa) de licor de laranja
- 1 pitada de pimenta-do-reino moída na hora
- 3 col. (sopa) de coalhada seca

MODO DE PREPARO
- Pique os figos, os damascos, as ameixas e as mangas. Coloque-as em uma tigela, regue com o vinho e deixe descansar por 15 minutos. Passado o tempo, escorra o vinho e reserve.
- Seque as frutas com toalha de papel. Reserve.
- Coloque o azeite de oliva em uma frigideira antiaderente e, ao aquecer, junte as frutas e frite, salteando de vez em quando, por 5 minutos. Retire as frutas e reserve.
- Na mesma frigideira, coloque o vinho reservado, o licor de laranja e a pimenta-do-reino. Cozinhe, mexendo de vez em quando, até ficar levemente encorpado. Retire do fogo.
- Arrume as frutas nos pratos, regue com a calda e disponha a coalhada seca.

SALADA DE FRANGO COM MOLHO PICANTE DE LIMÃO

Rendimento: 2 porções
Tempo de preparo: 15 min.

INGREDIENTES
Salada:
- 100 gramas de frango desfiado
- 1 cenoura média ralada • ½ pimentão vermelho pequeno cortado em tiras finas • ¼ de maço pequeno de acelga • 1 xíc. (chá) de broto de soja • ½ col. (sopa) de coentro picado • ½ xíc. (chá) de amendoim torrado sem pele e sem sal • 1 col. (sobremesa) de salsinha
- 1 col. (sobremesa) de gergelim preto

Molho:
- ½ xícara (chá) de suco de limão
- 2 colheres (sopa) de chill ou pimenta dedo de moça • 1 dente de alho amassado
- 1 colher (sobremesa) de azeite
- 1 colher (sobremesa) de óleo de gergelim
- ¼ de xícara (chá) de água filtrada ou mineral • 1 colher (café) de açúcar

MODO DE PREPARO
Salada:
- Misture o frango desfiado, a cenoura ralada, o pimentão vermelho, a acelga, o broto de soja, o coentro picado e o amendoim torrado e finalize com a salsinha e o gergelim por cima de tudo.

Molho:
- Misture o suco de limão, o chill ou pimenta dedo de moça, o alho amassado, o azeite, o óleo de gergelim, a água e o açúcar em um recipiente com tampa e agite bem.
- Sirva com a salada, mas só tempere na mesa, para que as folhas não murchem.

BERINJELA TURCA

Rendimento: 8 porções
Tempo de preparo: 1h30

INGREDIENTES
• 3 berinjelas grandes • ¼ de xíc. (chá) de azeite extravirgem • Sal a gosto
• 1 pitada de pimenta-do-reino
• 3 cebolas grandes • 500 g de tomate maduro • 1 dente de alho • ½ col. (chá) de canela em pó • 1 pitada de adoçante forno e fogão • 1 col. (sopa) de salsa picada • 50 g de nozes picadas

MODO DE PREPARO
• Corte as berinjelas ao meio e cozinhe com água e sal por 10 minutos.
• Com uma colher, retire o recheio e reserve.
• Coloque-as numa assadeira, regue-as com o azeite (1 colher de sopa), tempere-as com sal e pimenta e leve-as para assar em forno médio (180 °C) por 30 minutos.
• Pique as cebolas e os tomates sem pele. Numa panela, refogue o alho no restante do azeite e doure as cebolas e os tomates, em fogo brando por 5 minutos.
• Adicione a canela, o adoçante, a salsa, o sal, a pimenta e cozinhe até o líquido reduzir.
• Pique as polpas de berinjela e junte ao refogado.
• Acrescente as nozes. Deixe cozinhar por 10 minutos.
• Recheie as cascas de berinjela com a mistura e leve ao forno alto por 10 minutos. Corte cada uma delas em 3 partes e sirva.

BOLINHO DE BATATA COM BACALHAU

Rendimento: 8 porções
Tempo de preparo: 50 min.

INGREDIENTES
- 2 batatas médias descascadas e cozidas
- 500 g de bacalhau cozido desfiado fino
- 1 ovo levemente batido
- ½ xícara (chá) de cebolinha picada
- 2 colheres (café) de páprica em pó
- 4 colheres (café) de óleo de canola
- 4 fatias de limão

MODO DE PREPARO
- Em uma tigela média, amasse as batatas e junte o bacalhau.
- Acrescente o ovo, a cebolinha e a páprica. Misture bem e leve à geladeira por cerca de 3 horas.
- Preaqueça o forno a 250°C e forre uma assadeira com papel-alumínio.
- Com as mãos umedecidas, modele oito bolinhos.
- Arrume-os na assadeira e pincele com a metade do óleo. Asse por 10 minutos.
- Vire os bolinhos, pincele o outro lado com o restante do óleo e asse por mais 10 minutos.
- Sirva enfeitado com as fatias de limão.

BRUSCHETTA DE CARNE LOUCA

Rendimento: 15 porções
Tempo de preparo: 1h

INGREDIENTES
- 1 peça de lagarto (2 kg)
- ¼ de xícara (chá) de azeite
- 2 tabletes de caldo de carne
- 1 cebola roxa
- 2 dentes de alho
- Sal a gosto
- 1 pimenta dedo-de-moça
- ½ xícara (chá) de vinho tinto
- Água o suficiente para cobrir a carne

Vinagrete:
- ½ kg de tomate sem semente picado
- 3 cebolas picadas
- ½ xícara (chá) de alho-poró picado
- 1 pimentão vermelho pequeno picado
- 1 pimentão amarelo pequeno picado
- ½ xícara (chá) de azeitona preta picada
- 1 xícara (chá) de azeite
- ¼ de xícara (chá) de vinagre branco
- Sal a gosto
- Folhas de manjericão

Bruschetta:
- 4 filões de pão italiano
- 3 dentes de alho
- Azeite a gosto
- Queijo parmesão ralado a gosto

MODO DE PREPARO
- Comece dourando a carne no azeite. Adicione os tabletes de caldo de carne, a cebola, o alho, o sal, a pimenta dedo-de-moça, o vinho tinto e a água, suficiente para cobrir toda a carne.
- Cozinhe na panela de pressão por 45 minutos, em média, até que a carne fique bem macia. Deixe esfriar e leve para gelar.
- Depois de fria, corte em fatias bem finas.

Vinagrete:
- Prepare o vinagrete misturando todos os ingredientes picados.
- Tempere com azeite, vinagre branco e sal a gosto.

Bruschetta:
- Corte o pão italiano em fatias largas. Esfregue o alho nos dois lados de cada fatia e regue com um fio de azeite.
- Leve ao forno para assar até dourar.
- Retire os pães do forno e sobre cada fatia acomode a carne louca já fatiada. Cubra com o vinagrete já temperado e salpique queijo parmesão ralado. Sirva em seguida. Ou, se preferir, leve ao forno, rapidamente, apenas para gratinar o queijo.

PÃOZINHO DE CENOURA

Rendimento: 30 pãezinhos
Tempo de preparo: 45 min.

INGREDIENTES
- 1 kg de farinha de trigo
- 45 g de fermento biológico fresco
- 3 cenouras médias
- 1 col. (sobremesa) de sal
- 2 ovos
- 1 gema (para pincelar)
- 5 col. (sopa) de margarina
- 50 g de açúcar
- 1 copo de leite

MODO DE PREPARO
- Dissolva o fermento no açúcar.
- Acrescente o restante da farinha aos poucos, até dar a liga de pão.
- Depois, acrescente os ovos, a margarina e sove bem a massa.
- Rale as cenouras, depois acrescente o sal e deixe escorrer bem. Em seguida, seque-as com a ajuda de um pano.
- Acrescente essa mistura à massa e sove novamente.
- Faça pequenas bolinhas e deixe-as crescer por 30 minutos ou até que elas dobrem de tamanho.
- Pincele os pães com a gema e leve ao forno em temperatura média até dourarem.

PÃO INTEGRAL DE CENOURA COM ABOBRINHA NO VAPOR

Rendimento: 16 porções
Tempo de preparo: 1h10

INGREDIENTES
- ½ xícara (chá) de leite desnatado morno
- 1 colher (chá) de açúcar
- 15 g de fermento biológico
- 750 ml de leite desnatado
- 2 ovos
- 5 xícaras (chá) de farinha de trigo
- 4 xícaras (chá) de farelo de aveia
- ½ xícara (chá) de farelo de trigo
- 1 e ½ xícara (chá) de cenoura ralada
- 1 e ½ xícara (chá) de abobrinha ralada
- 1 colher (sopa) de sal
- Azeite de oliva extravirgem e ervas para temperar

MODO DE PREPARO
- Em uma tigela, coloque o leite desnatado morno, o açúcar e o fermento e deixe fermentar de dois a três minutos.
- Acrescente o resto do leite, os ovos, a cenoura e a abobrinha e, enquanto mistura os ingredientes com a mão, adicione a aveia, o farelo de trigo e a farinha de trigo.
- Espalhe a massa em uma forma pequena de bolo inglês, untada com margarina light e farinha de trigo, e leve ao forno a gás a 180°C por 50 minutos.
- Abra o forno e, com um borrifador, jogue água sobre o pão para que o vapor dê uma textura crocante à superfície, sem ressecar o interior.
- Leve ao forno por mais dois minutos. Sirva acompanhado de azeite e ervas.

PÃO DE MILHO

Rendimento: 10 porções
Tempo de preparo: 1h40

INGREDIENTES
- 20 g de fermento biológico fresco
- 400 ml de leite desnatado
- 2 ovos ligeiramente batidos
- 100 g de margarina sem sal
- 1 colher (sobremesa) de açúcar
- 10 g de sal
- 500 g de fubá
- 100 g de farinha de trigo

MODO DE PREPARO
- Dissolva o fermento com o açúcar e 1 colher (sopa) de farinha de trigo. Junte os demais ingredientes, parte do fubá, e misture até obter uma mistura homogênea.
- Adicione o fubá restante, aos poucos, e continue misturando até obter uma massa bem macia e levemente enxuta. Deixe a massa descansar por 30 minutos.
- Abra-a sobre a bancada enfarinhada e modele os pãezinhos. Distribua-os em formas polvilhadas com fubá e deixe crescer até dobrar de volume.
- Asse em forno preaquecido a 200°C até que fiquem levemente dourados.

PÃO DE BATATA RECHEADO COM LINGUIÇA

Rendimento: 30 porções
Tempo de preparo: 2 h

INGREDIENTES
- 30 g de fermento biológico
- 1 xícara (chá) de leite
- 1 colher (sopa) de açúcar
- 1 colher (sobremesa) de sal
- 1/2 kg de farinha de trigo
- 250 g de batata cozida e amassada
- 2 ovos
- 3 colheres (sopa) de manteiga
- 200 g de ricota amassada
- 100 g de linguiça calabresa ralada
- 3 colheres (sopa) de cebola ralada
- 3 colheres (sopa) de salsa e cebolinha picadas

MODO DE PREPARO
- Junte o fermento biológico, o leite, o açúcar e o sal com três colheres (sopa) de farinha de trigo.
- Misture bem e deixe a massa levedar por 30 minutos.
- Adicione os demais ingredientes: a farinha de trigo, a batata cozida e bem amassada (de preferência já resfriada), os ovos e a manteiga.
- Deixe a massa crescer por mais 30 minutos.
- Faça os pães, recheie-os com a ricota, a linguiça, a cebola e o cheiro-verde misturados.
- Pincele os pãezinhos com uma gema, para garantir que eles fiquem dourados.
- Coloque-os em forma bem untada e asse por cerca de 30 minutos.

QUICHE DE CHAMPIGNON COM ABOBRINHA

Rendimento: 6 porções
Tempo de preparo: 1 hora

INGREDIENTES
- 1 pacote de biscoito salgado
- 2 colheres (sopa) de margarina sem sal
- 1 ovo
- 2 xícaras (chá) de abobrinha ralada
- 2 ovos
- 2 xícaras (chá) de champignon
- 1 colher (sopa) rasa de margarina
- ½ caixinha de creme de leite
- ½ unidade de cebola pequena

MODO DE PREPARO
- No liquidificador, triture a bolacha.
- Em um recipiente, misture a margarina, o ovo e a bolacha triturada, até formar uma massa homogênea.
- Coloque a massa em forma de quiche de 25 centímetros.
- Leve ao forno preaquecido a 180°C e asse por 10 minutos.
- Reserve a massa.
- Doure a abobrinha e o champignon com a margarina e o sal.
- Em seguida, coloque a mistura na assadeira, com a massa já assada.
- No liquidificador, bata o creme de leite, os ovos, a cebola e o sal.
- Cubra a quiche com este creme.
- Leve ao forno preaquecido a 180°C e asse por 10 minutos. Sirva a seguir.

QUICHE DE CARNE-SECA

Rendimento: 6 porções
Tempo de preparo: 50 min.

INGREDIENTES
- 500 g de farinha de trigo
- 250 g de margarina
- 1 ovo inteiro + 1 gema
- 20 g de sal
- 200 g de carne-seca dessalgada e desfiada
- 100 g de ricota picada
- 1 cebola picada
- 1 ovo
- 100 ml de creme de leite
- Pimenta-do-reino a gosto

MODO DE PREPARO
- Numa travessa, misture todos os ingredientes até obter uma massa que não grude nas mãos.
- Transfira a mistura para um saco plástico e deixe descansar por 30 minutos na geladeira (esse processo é indicado para deixar a massa mais macia).
- Depois desse período, abra a massa sobre uma superfície lisa e enfarinhada até deixá-la pronta para assar. Reserve.
- Misture a carne-seca com a ricota. Adicione a cebola, o ovo, o creme de leite e a pimenta.
- Misture para incorporar bem.
- Unte uma forma com margarina, acomode a massa no fundo e nas laterais e acrescente o recheio.
- Leve para assar, em forno preaquecido, a 220°C, por cerca de 20 minutos, ou até dourar.
- Logo depois, retire do forno, espere amornar e sirva em seguida.

QUICHE DE LEGUMES

Rendimento: 8 porções
Tempo de preparo: 30 min.

INGREDIENTES
- 1 cebola picada
- ½ lata de molho de tomate
- 1 lata de seleta de legumes
- 1 lata de milho-verde
- 1 copo de requeijão cremoso
- Salsinha picada
- Sal a gosto
- 2 xíc. (chá) de farinha de trigo
- 2 colheres (sopa) de margarina
- 1 ovo
- ½ col. (chá) de sal
- ½ lata de creme de leite
- 2 claras
- 1 xíc. (chá) de queijo ralado
- Queijo para polvilhar

MODO DE PREPARO
- Junte a cebola, o molho de tomate, a seleta de legumes, o milho, o sal, metade do requeijão, a salsinha e uma colher (sopa) rasa de farinha de trigo. Reserve.
- Em um recipiente, coloque a farinha (reserve um pouco), o ovo levemente batido, o creme de leite e a margarina. Misture com o auxílio de uma colher.
- Em seguida, misture com as mãos (se necessário, utilize a farinha reservada).
- Sove a massa sobre uma superfície lisa, distribua-a em uma assadeira redonda de fundo falso sem untar.
- Faça furos na massa com o auxílio de um garfo.
- Leve ao forno preaquecido em 200°C por aproximadamente 10 minutos.
- Retire do forno e distribua o recheio reservado.
- Bata as claras em neve e misture-as com a outra metade do requeijão e o queijo ralado.
- Cubra a quiche com a mistura de claras, polvilhe queijo ralado e asse em forno preaquecido a 180°C por 20 minutos.

QUICHE DE CENOURA COM BACON

Rendimento: 8 porções
Tempo de preparo: 1 h

INGREDIENTES
- 250 g de farinha de trigo
- 150 g de manteiga para folhados
- 5 ovos
- 1 colher (sobremesa) de sal
- 1 colher (sopa) de leite
- 100 ml de creme de leite
- 150 g de cenoura descascada
- Sal e noz-moscada a gosto
- 50 g de bacon cortado em cubos
- 30 g de queijo parmesão ralado

MODO DE PREPARO
- Em uma tigela, misture a farinha, a manteiga, 1 ovo, o sal e o leite. Sove bem até formar uma massa homogênea.
- Disponha a massa no fundo e nas laterais de uma forma de aro removível média. Reserve.
- Coloque os ovos restantes, o creme de leite, o sal, a noz-moscada e as cenouras no liquidificador e bata até formar um creme. Reserve
- Doure o bacon em uma frigideira.
- Adicione o bacon frito sobre a massa, despeje o creme de cenoura e polvilhe o parmesão.
- Asse em forno preaquecido a 180°C por cerca de 20 minutos ou até a massa dourar levemente.

QUICHE DE PALMITO

Rendimento: 8 porções
Tempo de preparo: 1h

INGREDIENTES
Recheio:
- 1 cebola picada
- 2 dentes de alho picados
- 3 ovos
- ¾ de xícara (chá) de leite
- ¾ de xícara (chá) de creme de leite
- Sal e pimenta a gosto
- 300 g de palmito
- 100 g de alcachofras
- 100 g de queijo parmesão ralado
- ½ colher (chá) de páprica
- 2 colheres (sopa) de salsa picada

Massa:
- 300 g de farinha de trigo branca
- 150 g de margarina
- 1 ovo
- 1 pitada de sal

MODO DE PREPARO
Massa:
- Misture todos os ingredientes da massa até que esta se torne homogênea. Estenda-a completamente sobre uma forma untada com margarina.
- Com um garfo, faça furos na base da massa e leve ao congelador por 10 minutos para endurecer.
- Asse a 200°C por 10 minutos sem deixar que doure demais. Deixe esfriar.

Recheio:
- Refogue a cebola e o alho. À parte, bata muito bem os ovos, o leite, o creme de leite, o sal e a pimenta.
- Adicione a cebola e o alho refogados, o palmito, as alcachofras e o queijo, misture bem até incorporá-los.
- Recheie a massa, polvilhe com a páprica e a salsa e asse por 20 a 25 minutos. Retire do forno e sirva em seguida.

QUICHE DE COGUMELO COM BACON E REQUEIJÃO

Rendimento: 20 miniquiches
Tempo de preparo: 30 min.

INGREDIENTES

Massa:
- 500 g de farinha de trigo
- 250 g de margarina
- 1 ovo inteiro + 1 gema
- Sal a gosto
- 100 g de cogumelo picado
- 100 g de bacon picado
- 200 g de requeijão
- 1 colher (sopa) de salsinha picada
- 1 colher (sopa) de farinha de trigo

MODO DE PREPARO

- Numa travessa, misture a farinha, a margarina, os ovos até obter uma massa que não grude nas mãos.
- Transfira a mistura para um saco plástico e deixe descansar por cerca de 30 minutos na geladeira (esse processo é indicado para deixar a massa mais macia).
- Depois desse período, abra a massa sobre uma superfície lisa e enfarinhada, até deixá-la macia e na largura necessária para acomodá-la na forma.
- Misture muito bem o cogumelo e o bacon com o requeijão.
- Adicione a salsinha e sal a gosto.
- Polvilhe com a farinha de trigo e mexa bem.
- Unte com margarina forminhas próprias – ou uma única forma.
- Acomode a massa nos fundos e nas laterais da forma, acrescente o recheio e leve para assar, em forno preaquecido, a 220°C, por cerca de 20 minutos ou até começar a dourar.

TORTA DE MILHO

Rendimento: 6 porções
Tempo de preparo: 1h

INGREDIENTES
- 2 ovos
- 1 xíc. (chá) de farinha de trigo integral
- 2 xíc. (chá) de escarola picada
- 1 lata de milho-verde
- 1 col. (sopa) de fermento em pó
- 4 col. (sopa) de óleo
- 1 xíc. (chá) de ricota
- 3 xíc. (chá) de leite
- 1 cebola picada
- Sal a gosto

MODO DE PREPARO
- Bata no liquidificador duas colheres (sopa) de óleo, o leite e os ovos. Acrescente a farinha de trigo, o fermento e o sal e bata tudo mais um pouco.
- Para fazer o recheio, refogue a escarola e a cebola em duas colheres de óleo. Junte o milho, o sal e refogue mais um pouco. Espere amornar para usar.
- Unte uma assadeira e coloque metade da massa. Distribua o recheio e cubra com o restante da massa.
- Asse em fogo médio preaquecido por 35 minutos.

TORTA GELADA SALGADA

Rendimento: 8 porções
Tempo de preparo: 2h30

INGREDIENTES
- 500 g de peito de frango cozido e desfiado
- 1 xíc. (chá) de erva-doce picada
- 1 cenoura ralada
- 1 pimentão vermelho picado
- 1 cebola picada
- 3 col. (sopa) de salsinha picada
- 1 xíc. (chá) de maionese
- 12 fatias de pão preto
- 2 col. (sopa) de azeite de oliva
- Sal e pimenta-do-reino a gosto

MODO DE PREPARO
- Em um recipiente, junte o peito de frango cozido e desfiado, a erva-doce picada, a cenoura ralada, o pimentão vermelho picado, a cebola picada e a salsinha picada. Misture tudo muito bem.
- Acrescente a maionese e misture com todo o cuidado. Tempere com sal e pimenta a gosto.
- Em um refratário retangular, faça camadas: coloque as fatias de pão preto, pincele o azeite e cubra com a mistura de vegetais e frango.
- Finalize com a mistura de frango e leve à geladeira por 2 horas. Sirva gelada.

GELEIA DE HORTELÃ

Rendimento: 10 porções
Tempo de preparo: 40 min.

INGREDIENTES
- 2 maços médios de hortelã
- 3 maçãs médias
- 5 colheres (sopa) de azeite
- 1 xícara (chá) de açúcar
- 1 xícara (chá) de água

MODO DE PREPARO
- Lave os maços de hortelã, separe somente as folhas e os talos mais macios, seque com toalha de papel e pique finamente. Reserve.
- Lave as maçãs, descasque-as, tire o miolo e as sementes.
- Pique-as e coloque no processador. Junte as folhas de hortelã e bata por 2 minutos ou até obter um purê.
- Em uma panela, junte o azeite, o açúcar e a água. Leve ao fogo e cozinhe, mexendo, por 5 minutos ou até ferver.
- Abaixe o fogo, tampe a panela e deixe cozinhar por mais 20 minutos, ou até obter uma consistência de geleia.
- Retire do fogo e espere esfriar.

GELEIA DE PIMENTA

Rendimento: 10 porções
Tempo de preparo: 1h40

INGREDIENTES
- 1 kg de maçãs
- 1 litro de água
- 3 pimentas dedo-de-moça
- 2 xícaras (chá) de açúcar
- 80 ml de vinagre (preferência de maçã, mas pode ser outro)

MODO DE PREPARO
- Corte as maçãs em pedaços pequenos, retire a casca e as sementes.
- Coloque em uma panela com a água, deixe cozinhar em fogo baixo por aproximadamente 1 hora, ou até que as maçãs estejam bem moles, no ponto de fazer um purê.
- Espere esfriar e passe por um pano limpo.
- Bata no liquidificador 1 copo do suco e as pimentas.
- Coloque numa panela o restante do suco, o açúcar e o suco batido

MOLHO DE MANJERICÃO FRESCO

Rendimento: 8 porções
Tempo de preparo: 20 min.

INGREDIENTES
- 1 maço de manjericão fresco
- 50 g de castanha de cajú
- 50 g de queijo parmesão
- 6 colheres (sopa) de azeite de oliva
- Sal e pimenta (a gosto)
- 2 dentes de alho

MODO DE PREPARO
- Bata todos os ingredientes em um liquidificador ou processador de alimentos até obter uma textura homogênea. Sirva em seguida.

MOLHO DE MOSTARDA E MEL

Rendimento: 6 porções
Tempo de preparo: 20 min.

INGREDIENTES
- 1 tablete de caldo de carne
- 1 xícara (chá) de água quente
- 2 colheres (sopa) de mel
- 1 colher (sopa) de mostarda em grãos
- 3 colheres (sopa) de molho de mostarda
- 1 colher (sopa) azeite de oliva

MODO DE PREPARO
- Em uma panela, dissolva o caldo de carne na água quente.
- Junte o mel, a mostarda em grãos, o molho de mostarda e o azeite.
- Leve ao fogo brando mexendo sempre, até engrossar.
- Retire do fogo e sirva em seguida.

AGRADECIMENTOS

Churrascaria Vento Haragano – Morumbi
Intermezzo Gourmet
Restaurante Varanda Grill
Tramontina

CONSULTORIA

Dárcio Lazzarini
Diretor do Grupo Varanda

Chefe Paulo Miani
Chefe de Cozinha, consultor, professor e pesquisador de culinária. Membro da Associação de Profissionais de cozinha do Brasil (A.P.C.)

Pedro Cizoto
Consultor de cervejas, sommelier e mestre em estilos cervejeiros. Associado ao Brewers Association (EUA)

Valdecir Larentis
Chefe de carnes da churrascaria Vento Haragano Morumbi